Kleine Geschichte des Allgäus

Stefan Fischer

Kleine Geschichte des Allgäus

VERLAG FRIEDRICH PUSTET
REGENSBURG

Für Hanna und Michael

Bibliografische Information der Deutschen Nationalbibliothek
Die Deutsche Nationalbibliothek verzeichnet diese Publikation in der Deutschen Nationalbibliografie; detaillierte bibliografische Daten sind im Internet über https://dnb.dnb.de abrufbar.

Gutenbergstraße 8 | 93051 Regensburg
Tel. 0941/920220 | verlag@pustet.de

ISBN 978-3-7917-3431-6
Umschlaggestaltung: www.martinveicht.de
Satz: Vollnhals Fotosatz, Neustadt a. d. Donau
Druck und Bindung: Friedrich Pustet, Regensburg
Printed in Germany 2023

eISBN 978-3-7917-6247-0 (epub)

Inhalt

Das Allgäu – Versuch einer Begriffsbestimmung

Schon das erste Kennenlernen des Begriffs »Allgäu« macht die Besonderheit sprachlich deutlich: Er benötigt für die korrekte Darstellung in Wort und Schrift den bestimmten Artikel, also »das Allgäu«. Hier wird im Sprachgebrauch auch die Verwandtschaft mit einer anderen Landschaft im Bayerischen Schwaben, dem Ries, deutlich.

Das Allgäu ist vornehmlich eine geografische Bezeichnung, das geht schon aus der ältesten schriftlichen Erwähnung von 817 in einer St. Galler Urkunde hervor: Es wird damit das Gebiet um Sonthofen sowie um Oberstaufen und Weiler beschrieben, ein Gebiet – keine Herrschaft! Es zieht sich wie ein roter Faden durch die Allgäuer Geschichte: Das Allgäu war und ist kein geschlossener Herrschaftsraum, es teilten sich etliche Herren dieses Gebiet und auch dessen Grenzen waren höchst selten mit staatlichen oder herrschaftlichen Grenzen identisch. »Das Allgäu war nie und ist kein staatliches, sondern ein rein landschaftliches Gebilde, das mit irgendwelchen politischen Grenzen auch so gut wie nie etwas zu tun gehabt hat« (Ulrich Crämer).

Die älteste kartografische Darstellung des Allgäus von Christoph Hurter aus dem Jahr 1619 ist nach Norden hin zur Donau offen. Hurter hatte mit der Iller im Zentrum die westliche Grenze bei Isny und Leutkirch, die östliche bei Füssen und Kaufbeuren festgelegt. Die südliche Grenze verläuft in den Bergen zwischen Füssen und Oberstdorf, dem Lauf der Vils folgend. Franz Ludwig Baumann legte für seine Geschichte des Allgäus Ende des 19. Jhs. jenes Gebiet fest, das er mit dem Lech im Osten, dem Hochgebirge im Süden und innerhalb einer gedachten Linie von Scheidegg – Wangen – Kißlegg – Memmingen – Kaufbeuren in Westen und Norden begrenzte.

Erst durch die bayerische Gebietsreform 1970/72 wurde der Name Allgäu auch in die politische Grenzziehung mit

St. Coloman bei Schwangau im Allgäuer Frühling.

aufgenommen. Die bayerischen Landkreise Oberallgäu, Ostallgäu und Unterallgäu sind politisch-administrative Gebietskörperschaften, ihre Grenzen zu den bayerischen Nachbarlandkreisen werden als identisch mit den Grenzen des Allgäus angesehen. Eine Ausnahme dazu ist die Staatsgrenze zu Baden-Württemberg, denn jenseits davon liegt das »Württembergische Allgäu«, dessen Grenzen zu Oberschwaben aber nicht genau definiert sind.

Hauptsächlich auf dieses bayerische Gebiet beziehen sich nun die folgenden Ausführungen.

Damit wird auch auf Eigenheiten der gefühlten landsmannschaftlichen Zugehörigkeit Rücksicht genommen. Der Autor weiß aus eigener, ihm intensiv nahegebrachter Erfahrung, dass Bewohner von Lindau oder Ravensburg und deren Regionen sich um keinen Preis zum Allgäu zählen wollen. Man beruft sich dabei auf die eigene Herkunft, mögen auch Eisenbahn und Autobahn heute noch so zielstrebig und harmonisch durch das bayerische und württembergische Allgäu auf den Bodensee zustreben. Deren Geschichte findet sich im vorliegenden Band also nicht – sie ist eine eigene Erzählung wert.

DER NAME ALLGÄU

In einer Urkunde des Klosters St. Gallen aus dem Jahre 817 wird zum ersten Mal der Name *albigauge* erwähnt, aus dem später die Form *albgau* und auch *albgäu* wird. Es gibt nun mindestens zwei Theorien über die weitere Entwicklung dieses Begriffes zum heutigen Allgäu: Aus dem *albgau* ist das spätere Allgäu hervorgegangen, und der ursprüngliche Begriff steht für den südlichen, an die Alpen grenzenden alemannischen Gau, der den Raum des oberen Illertales und jenen von Niedersonthofen bis Scheidegg entlang des Gebirges umfasste. Die andere Theorie besagt, dass das »gäu« im heutigen Allgäu aus der frühmittelhochdeutschen Pluralform *ge-äu* stammt, mit dem mehrere Auen – also nasse, wasserreiche Wiesen-, Busch- und Augebiete – benannt wurden. Diese Herleitung weist auch darauf hin, dass das sächliche Geschlecht das Allgäu nichts mit den männlichen Gaubenennungen wie Breisgau, Hegau etc. zu tun hat.

Jedenfalls bezeichnet sich die Stadt Isny bereits 1305 als zum »Algoia« gehörig, und Sebastian Münster beschreibt 1541 die Gegend: »Das Algöw ist in Schwaben eine Gegend, ... ein rauch (rauh), winterigs Land, indem es allda vil Vich, Küw und Roß, vil Tannwald, Vögel und Fisch« gibt. Seitdem dehnt sich der Name Allgäu als geografische Landschaftsbezeichnung wie auch als touristisch-wirtschaftlicher (Attraktivitäts-)Begriff immer weiter aus.

Von der Lehmgrube bis zu den Kelten

Udo

Z'Pforze, in dr Lehmgrua dunde,
hot ma fead dean Udo g'funde.
Gleabt hot der, und des isch wohr,
vor circa 11 Millione Johr.
Dia Wissenschaftler waret baff,
ma stuft dean Udo ei als Aff,
als Menscheaff mit aufrechtem Gang,
wia's wirklich war, weiß i scha lang.

(Marlene Nieberle: Udo aus Pforzen)

In einer Tongrube der Hammerschmiede, eines Ortsteils der Gemeinde Pforzen im Ostallgäu, wurden bei Grabungen der Universität Tübingen zwischen 2015 und 2018 Überreste eines ausgestorbenen Menschenaffen gefunden, der zu aufrechtem Gang körperlich befähigt war und sich so vermutlich auch fortbewegt hat.

Der entscheidende Fund – ein Teilstück des linken Unterkiefers – wurde im Mai 2016 geborgen. Der wissenschaftliche Name lautet »Danuvius guggenmosi«, populär wurde der Fund unter dem Namen »Udo«. Udos Alter wurde auf 11,62 Mio. Jahre datiert, damit stammte er aus dem späten Miozän und war offensichtlich in Süddeutschland verbreitet. Da Überreste von männlichen und weiblichen Tieren gefunden worden waren, stellte man Hochrechnungen über ihr Aussehen an und kam zu folgenden Ergebnissen: Die männlichen Tiere waren ca. einen Meter groß und wohl an die 31 kg schwer; die Weibchen waren etwas kleiner und leichter, ihr Gewicht schätzt man auf 18 kg. Die erhaltenen Skelettfunde zeigten, dass mit der S-förmig gekrümmten Wirbelsäule, der physiologischen X-Beinstellung und den gestreckten Knien bei einem flachen und breiten Brustkorb ohne weiteres ein aufrechter Gang möglich war,

Vielleicht hat es bei Udo so ausgesehen? Aus der Udo-Ausstellung 2021.

wenngleich dieser eher langsam ausgefallen sein dürfte. Andererseits ermöglichte ihm der als Greifzehe ausgebildete Großzeh den Griff nach Ästen und Lianen, mit seinen langen Armen konnte er gut klettern und war zum Schwinghangeln, dem Schwingen von Ast zu Ast, befähigt.

Durch flankierende Untersuchungen ist man sich sicher, dass die Lebenswelten von Udo wohl ausgedehnte Auwälder waren, die Jahresdurchschnittstemperatur soll zu seiner Zeit ca. 20° C betragen haben; es war also wesentlich wärmer als heute – trotz Klimawandels.

Auch wenn der aufrechte Gang Udo in die Nähe des Menschen rückt und die zeitlich nächste bekannte aufrecht gehende Hominidin Lucy erst acht Millionen Jahre später nachweisbar ist – was das Alter von Udo ganz einzigartig macht –, so ist die Existenz von siedelnden Menschen im Allgäu doch in der Regel erst ab ca. 8000 Jahre v. Chr. als gesichert anzunehmen.

WIE UDO ZU SEINEM NAMEN KAM

Am 17. Mai 2016, einem Dienstag, gruben Prof. Böhme und ihr Team von der Universität Tübingen in der Lehmgrube der Hammerschmiede nach Überresten sehr, sehr alter und sehr prähistorischer Lebewesen, von denen man zu Recht annehmen konnte, dass sie schon eine gewisse Menschenähnlichkeit aufweisen würden. An diesem Tag nun gelang ein entscheidender Fund: Es konnten der linke Unterkiefer sowie Zähne eines Menschenaffen geborgen werden. Den Forschern schwante: »Das wird ein ganz großes Ding.« Auf der abendlichen Heimfahrt von Pforzen nach Tübingen dröhnte die Musik Udo Lindenbergs durch den Bus, der an diesem Tag seinen 70. Geburtstag feierte. Schnell und wie durch den *genio loci moventis* inspiriert kam es zur Namensgebung für die entdeckte Spezies: »Udo« sollte sie heißen, und so wurde sie schließlich auch in der Öffentlichkeit bekannt. In der Wissenschaft jedoch lautet ihr Name *Danuvius guggenmosi*, womit Bezug genommen wird auf den keltisch-römischen Flussgott Danuvius (Danubius), dem Namensgeber der Donau, in deren Einzugsgebiet der Fundort liegt, und auf Sigulf Guggenmos (1941–2018), einem kundigen und hochverdienten Kaufbeurer Privatarchäologen, der in jener Tongrube bereits 1965 die ersten Fossilienfunde gemacht hatte.

Steinzeit

Aufgrund der Forschungen des Geologen Albrecht Penck unterscheiden wir im nördlichen Alpenvorland – also auch im Allgäu – vier Eiszeiten, in deren Verlauf die Alpengletscher entlang der namengebenden Flüsse (Günz-, Mindel-, Riß- und Würmeiszeit) wie auch der anderen von Süd nach Nord sich hinziehenden Flüsse (Rhein, Iller, Lech, Isar, Inn, Enns) weit nach Norden vorstießen. In der letzten Zwischeneiszeit (ca. 180 000–120 000 v. Chr.) fließt z. B. die Iller in Kempten 65 m über dem heutigen Bett; alle heute noch bekannten Nadelbaumarten existieren bereits, nur liegt die Baumgrenze bei ca. 1500 m über dem Meeresspiegel, und durch das wesentlich kühlere Klima kann sich der Mischwald nur langsam ausbreiten. Funde von Tierfossilien bei Kempten, Steinheim, Memmingerberg, Benningen, Kronburg, Wald b. Marktoberdorf und am Pfefferbichl bei Buching sagen uns, dass damals im Allgäu große Landsäugetiere lebten: Mammut, Alt-Elefant, Bison, Höhlenlöwe, Rothirsch und Wildesel.

Die letzte bisherige Eiszeit im Voralpenland setzte ungefähr um 120 000 v. Chr. ein und dauerte bis ca. 12 000 v. Chr. Die Gletscher drangen weit nach Norden vor, dem Lechtal entlang bis ungefähr Kaufbeuren, der Rheintalgletscher erreichte die Schussenquelle, und der Illergletscher reichte bis südlich von Grönenbach. Allerdings hatten die Allgäuer Gletscher nicht wie Rhein-, Ammersee- und Inngletscher noch eine Verbindung mit dem großen zentral-alpinen Firnfeld, deshalb spalteten sie sich in einer eher kurzen wärmeren Phase der Eiszeit um ca. 35 000 v. Chr. und zogen sich etwas zurück. Aus dieser Zeit stammen Fundreste von nomadischen Steinzeitjägern aus dem milderen Bodenseeraum, die am Illerufer bei Dietmannsried, am Pfefferbichl bei Buching und am Bannwaldsee gefunden wurden. Dann sank die Temperatur wieder (30 000–15 000 v. Chr.), die Stärke des Illergletschers stieg bei Immenstadt auf ungefähr 700 m Mächtigkeit, in Oberstdorf betrug sie wohl 800 m. In der Endphase der Würmeiszeit wurde es zwar nicht wärmer, aber immer trockener, die Niederschläge gingen merklich zurück und die aus der vergangenen Wärmephase stammenden zahlreichen Seen trockneten aus. Lediglich die großen Gewässer blieben übrig: die Seen zwischen Kempten und Altusried, zwischen Wildpoldsried und Wagegg, zwischen Durach und Martinszell, die Seen bei Seifen, Isny, Wangen, Wertach und Marktoberdorf. Heute zeugen noch der Weißensee, der Bannwaldsee und der Hopfensee von dieser Entwicklung. Alpine Fauna verbreitete sich in dieser letzten Eiszeitphase im Allgäu, besonders Murmeltier, Steinbock und Gemse. Mit der dann endgültig ab ca. 15 000 v. Chr. einsetzenden nachhaltigen Erwärmung stellte sich die Tierwelt um: Die großen Rentierherden wanderten nach Norden ab, Mammut, Höhlenlöwe, Höhlenbär, Wollhaarnashorn starben aus.

Nach den jüngeren Erkenntnissen und den Funden in Schwangau-Horn, am Jehlefels bei Oberstdorf, am Hopfensee, am Bannwaldsee und bei Hochzeill sowie Einzelfunden bei Dösingen, Kempten und Pfronten kann von einer beginnenden Besiedelung um ca. 8000 v. Chr. ausgegangen werden. Es sind vor allem Überreste von Steinwerkzeugen bzw. Jagdwaffen wie Pfeil- und Speerspitzen aus Stein, die darauf hinweisen. Im Unterallgäu sind insbesondere die Funde von Haselbach, Trunkelsberg, Türkheim, Zell, am Wessberg bei Heimertingen und am Breitenbacher Kapf bei Lautrach zu nennen. Für die Jungsteinzeit, die ab ca. 4000 v. Chr. einsetzt, stellt sich nach den prähistorischen Funden das Bild dar, dass an der Donau bereits Ackerbauern der donauländischen Bandkeramik siedelten, während nach Süden zu den Alpen hin noch Jäger und Sammler die Wälder, Moore und Schotterhalden der sich erst langsam begrünenden Moränenhänge durchstreiften. Auffällig ist, dass sich im südlichen Oberallgäu bis auf einige Steinbeile am Freibergsee bei Oberstdorf bis jetzt keine anderen menschlichen Artefakte aus dieser Zeit auffinden ließen. Vom Unterallgäu herkommend, wo sich durch entsprechende Keramikfunde bei Buxheim und Dirlewang erste ackerbauende Siedlungen ausmachen lassen, wurden an den waldfreien Flusshängen des Wertach-, Mindel- und Illertals zahlreiche Silexklingen und geschliffene Steinbeile gefunden, aber auch am Stöttener See, am Elbsee und bei Dietmannsried. Eine weitere Ansiedlung kann man sicher für Dösingen annehmen. Das Allgäu wurde zu dieser Zeit also von Nord nach Süd erschlossen, und am Ende der Jungsteinzeit gegen 2000 v. Chr. wichen die Wälder langsam dem Acker- und Weideland. Am Ende dieser Epoche brachte jedoch ein Kälteeinbruch von etlichen hundert Jahren die menschliche Expansion im Allgäu zum Stillstand.

Mit der um 1800 v. Chr. einsetzenden Bronzezeit manifestiert sich ein umwälzender kulturgeschichtlicher Umschwung: Der Mensch hat gelernt, Metall zu finden, zu bearbeiten und daraus Werkzeuge, aber auch vor allem Waffen, herzustellen (Bronzeschwertfund am Illerufer von Sonthofen!). Träger dieser neuen Technologie waren Einwanderer aus Spanien, die am Ende des 3. Jahrtausends v. Chr. nach Mitteleuropa gekommen sind. Die bronzezeitliche Siedlung auf dem Goldberg bei Türkheim ist von Bedeutung; auch die Funde einer Siedlung bei

Blöcktach sowie Grabbeigaben in der Nähe von Bidingen, bei Geisenhofen und in der Gegend von Unterthingau weisen auf eine dichter werdende Siedlungstätigkeit hin. Besonders die um diese Zeit auftretenden Hügelgräber des Übergangs von der Bronze- zur Eisenzeit, die sich vom südlichen Unterallgäu vom Mindel- und Unterwertachtal (Mindelheim – Lauchdorf – Baisweil – Eggenthal) über Pforzen, Ketterschwang, Honsolgen bis Waal und Asch befanden, sprechen für eine zunehmende menschliche Siedlungstätigkeit. Auch wenn Einzelfunde im Pfrontener Tal und im Füssener Becken auf Siedlungen deuten, bleiben die Funde im südlichen Ost- und Oberallgäu selten.

Keltenzeit

Um 1200 v. Chr. wanderten Illyrer aus dem Donau-Theiß-Raum und von der Donau her im Allgäu ein. Ihre Toten verbrannten sie und bestatteten sie in Urnengräbern, was von entsprechenden Funden bei Dirlewang, Mindelheim und Türkheim bestätigt wird. Zwar verschwand diese Gepflogenheit nach und nach, und die Körperbestattung trat an ihre Stelle, jedoch verschwand die Brandbestattung nicht vollständig. Viel haben die Illyrer im Allgäu nicht hinterlassen; man fand Schmuckstücke und Tonscherben auf dem Lindenberger Ösch bei Kempten, bei Ottenstall (Altusried) und beim Jodbad Sulzbrunn. Noch heute nehmen Sprachforscher an, dass der Flussname Iller von den Illyrern herstammt.

Im Anschluss an die von Osten gekommenen Illyrer siedelten ab 400 v. Chr. keltische Stämme aus Frankreich und der Schweiz im Allgäuer Raum, wo sie sich – nicht als Eroberer auftretend – mit der schon ansässigen Bevölkerung verbanden und damit als das wohl erste im Allgäu selbst entstandene Volk bezeichnet werden könnten.

Mit den Kelten trat das Allgäu jetzt auch zum ersten Mal in den Gesichtskreis der antiken Geschichtsschreibung: Der griechisch-römische Geograf Strabon erwähnt in seinem Werk das keltische Oppidum (lat. kleine Stadt) Cambodunum, die Hauptstadt des Stammes der Estionen, ohne jedoch ihre Lage genauer anzugeben. Aufgrund dieser Überlieferungslage entwickelten sich natürlich mehrere Deutungen, von denen zwei erwähnt werden sollen: Cambodunum ist die Burg des Cambo (Rottenkolber) oder aber es ist eine »Stadt an einer steilen Anhöhe am Zusammenfluss von Gewässern« (Weitnauer). Obwohl bis heute keine Überreste der Keltensiedlung aufgefunden werden konnten, nimmt man ihre Lage nördlich der heutigen Keckkapelle in Kempten auf dem östlichen Illerhochufer an. Heute gilt Cambodunum als namensgebende Siedlung für die spätere römische Ansiedlung.

Seltsamerweise sind die keltischen Überreste im Allgäu sehr gering: Vereinzelte Bodenfunde bei Agathazell im Torfmoor, bei Oberstdorf (Fragment einer Lanzenspitze) und einer in Kempten selbst gefundenen kleinen Goldmünze der Vindeliker sind für das Oberallgäu festzuhalten. Im Ostallgäu fehlen bis jetzt solche Entdeckungen, und im Unterallgäu legt die keltische Töpferei in Haselbach bei Kirchheim Zeugnis für die hochentwickelte Handwerkskunst der Kelten ab. Hinzu kommen noch Reste von Glasarmreifen aus Funden bei Türkheim und Kirchdorf.

So überschaubar diese handfesten Zeugnisse sind, so haben die Kelten dem Allgäu doch eine Reihe sprachlicher Monumente überliefert, voran die Flussnamen Iller, Wertach (der grüne Fluss), Günz, Mindel und Argen, nicht zu vergessen den Lech (der Steinige), dessen keltischer Name »llech« in Verbindung mit dem kymrischen Wort für Steinplatte oder dem bretonisch-keltischen Wort für Grabstein in Verbindung gebracht wird. Daneben haben die Kelten jedoch einige Bauwerke hinterlassen, sog. Fluchtburgen oder Keltenschanzen, von denen die in Eurishofen, Frankenhofen und Gerbishofen (Kaltental) im Ostallgäu sowie Dirlewang, Kettershausen, Olgishofen, Türkheim und Unterrammingen im Unterallgäu erwähnenswert sind.

In der antiken Literatur (Strabon) wird neben dem schon angeführten Cambodunum oft und gern die sagenbehaftete Keltenfestung Damasia erwähnt, doch fehlen weitere Angaben über ihre Lage. Franz Ludwig v. Baumann sieht in Damasia eine befestigte und in Notzeiten benützte keltische Verteidi-

Silbermünze (Büschelquinar) der Vindeliker aus dem 1. Jh.

gungsburg, die auf dem Auerberg bei Stötten im Ostallgäu, ca. 5 km westlich des Lechs und mit 1055 m Höhe die anderen Moränenhügel um gut 200 m überragend, angelegt worden ist. Ausgrabungen haben zwar umfangreiche römische Befestigungsanlagen zu Tage gefördert, aber keinerlei Hinweise auf eine vorrömische Siedlung erbracht.

Für das Allgäu ist das Jahr 15 v. Chr., als die römische Eroberung begann, eine Zeitenwende. Die keltische Bevölkerung wurde unterworfen und fand sich in die römische Kultur und Zivilisation so nach und nach ein. Jetzt war das Allgäu römisch und das bedeutet »… den Austritt aus dem Dämmer der Vorgeschichte und den Eintritt in die geschichtliche Zeit« (Alfred Weitnauer).

Die römische Zeit

Die Eroberung

Die Gründe für die römische Eroberung des nördlichen Alpenvorlandes bis zur Donau lagen in der augusteischen Politik, die nach der inneren Konsolidierung und Festigung der Macht nach dem Bürgerkrieg zunächst die Eroberung von Nordwestspanien unter Augustus' persönlicher Leitung durchführte, um dann die Rheingrenze und die gallische Nordgrenze zu befrieden. Der militärische Oberbefehl, den Augustus (63 v. Chr.–14 n. Chr.) innehatte, war mit der Befriedung verschiedener Randgebiete und der Ausweitung des römischen Herrschaftsanspruchs verbunden, sodass der Kaiser in seinem zusammenfassenden Lebensbericht *(res gestae divi Augusti)* feststellen konnte: »Die Alpen ließ ich von dem Gebiet, das der Adria benachbart ist bis zum Tyrrhenischen Meer befrieden, wobei keiner Völkerschaft der Krieg unrechtmäßig erklärt wurde.«

Die römischen Legionen unter Drusus drangen von Süden kommend über das Etschtal und vom Vintschgau her nach Norden vor, während die Truppen des Tiberius höchstwahrscheinlich von Gallien her durch die burgundische Pforte dem Rhein entlang zum Bodensee marschierten. Es wird von einer Schlacht auf dem Bodensee am 1. August 15 v. Chr. gegen die Brigantier berichtet, danach scheint die Besetzung und Unterwerfung der Keltenstämme der Brigantier am Bodensee (Bregenz), der Estionen um Cambodunum (Kempten) und der Vindeliker im Lechrain rasch vonstattengegangen zu sein. Allerdings wird bis heute eine große Schlacht am Auerberg (Damasia) angenommen, die sich zeitnah zum Treffen auf dem Bodensee abgespielt haben soll und bei der 40 000 keltische und rätische Gefangene gemacht worden sein sollen.

Befriedung

Die Kampftruppen der Legionen zogen nach der Besetzung des Allgäus weiter nach Norden und Nordosten an die Donau. Für die eigentliche Besatzung und Sicherung der Gebiete traten Hilfstruppen der römischen Legionen, die sog. Auxilia, an die Stelle der kämpfenden Eliteeinheiten. Diese Auxilia wurden von den Römern aus den neu besetzten Ländern rekrutiert und erfüllten damit dreierlei: Zum einen verschaffte sich die römische Militärverwaltung mit diesen Rekrutierungen Überblick und Kenntnis zu Quantität und Qualität der waffenfähigen Männer im neuen römischen Gebiet; zum anderen wurde eben durch den Einsatz dieser Mannschaften an den von der Heimat teilweise weit entfernten Orten die Widerstandsfähigkeit und der Widerstandswille im Allgäu stark reduziert; und zum Dritten bedeutete diese Rekrutierung Nachschub für den ständigen Menschenbedarf der römischen Armee.

Andere Auxilia sorgten zunächst auch für die innere Sicherheit der sich langsam ansiedelnden römischen Kolonisten, ihre Mannschaften stammten aus anderen Teilen des Reiches: aus Aquitanien, Spanien, Britannien und Belgien. Die in der neuen römischen Provinz Raetia, zu der auch das heutige Allgäu gehörte, lebenden arbeits- und waffenfähigen Männer, die von den Römern für den Ackerbau und den Fortgang des täglichen Lebens in der Heimat belassen wurden, fassten die neuen Herren in eine Art raetische »Nationalmiliz« (Karlheinz Dietz) zusammen, die dem Präfekten unterstand und als Ersatzreserve der anderweitig eingesetzten regulären raetischen Auxilia diente.

Mit diesem Vorgehen war jeglicher Widerstand gegen die römische Besatzung unmöglich und bald galten die Raeter um Cambodunum und Abodiacium (Epfach) als vorbildliche Steuerzahler, die Ruhe hielten und ihre Tribute regelmäßig ablieferten. Damit waren flächig über das Land verteilte Zwingburgen von Seiten der Römer nicht notwendig.

Straßennetz

Traditionellerweise legten die Römer für die Erschließung des neuen Gebietes ein Straßennetz an, das im Allgäu besonders um das römische Zentrum Cambodunum (Kempten) und im Ostallgäu, den Lech und damit die Via Claudia Augusta begleitend, eine gewisse Dichtheit aufwies.

Die erste Römerstraße war die von Süd nach Nord verlaufende Via Claudia, die bereits mit der Eroberung des Allgäus gebaut wurde. Sie verlief von Füssen über Altenstadt, Epfach und Landsberg/Lech nach Augsburg, das als Augusta Vindelicorum bereits ab der Eroberungszeit als großes Militärlager eine gewisse Zentralfunktion einnahm.

Ergänzend dazu entstand fast gleichzeitig die große römische West-Ost-Verbindungsstraße von Brigantium (Bregenz) über Cambodunum (Kempten), Abodiacum (Epfach) mit der Kreuzung der Via Claudia Augusta, Unterdießen und Pons Aeni (Pfaffenhofen am Inn) nach Iuvavum (Salzburg). Im 19. Jh. gab die Forschung dieser Straße den Namen Via Julia, da von den römischen Straßen in Raetien sonst keine Namen überliefert sind.

Im weiteren Verlauf der römischen Zeit im Allgäu wurde das Straßennetz weiter ausgebaut, wobei nach wie vor Cambodunum als ehemaliger Hauptort von Westraetien im Zentrum lag. In der mittleren Kaiserzeit war es durch Römerstraßen direkt mit Augsburg über Obergünzburg, Eggenthal (Straßenstation Navoa) und Schwabmünchen verbunden; desgleichen nach Norden mit Günzburg und der Donaugrenze über Kellmünz und Unterkirchberg. Es bestanden Straßenverbindungen nach Süden (die später angelegte Via Decia) Richtung Sonthofen, wo die Via Decia auf die direkte Verbindung von Bregenz nach Füssen traf. Nach Südosten verlief eine Römerstraße über Durach, Nesselwang nach Reutte zur alten Via Claudia Augusta.

Durch das Ostallgäu zogen sich als Römerstraßen die schon erwähnte Verbindungsstraße Cambodunum – Augsburg von Obergünzburg kommend durch Eggenthal und Baisweil nach Schlingen, um sich dort nach Norden zu wenden. Ebenfalls von Kempten kommend durchquerte die Via Julia über

APC – DER ARCHÄOLOGISCHE PARK CAMBODUNUM

Im römischen Cambodunum, das im ersten Jahrhundert zum römischen *municipium* (Stadt mit römischem Bürgerrecht) aufgestiegen sein soll, manifestiert sich die mediterran-städtisch ausgerichtete Zivilisation der Römer auch heute noch eindrucksvoll: In seiner Eigenschaft als Provinzhauptstadt besaß es zahlreiche öffentliche Gebäude, ein Forum, Thermen, einen Tempelbezirk, den Prokuratorenpalast und eine Basilika für Empfänge, Versammlungen und öffentliche Amtshandlungen sowie der Rechtsprechung. Um diese Gebäude herum gruppierten sich dann planvoll in rechteckigen *insulae* (Häuserblocks) die Wohnhäuser, Handwerksbetriebe und Wirtshäuser. Viele der Wohnhäuser konnten mit einer Art Fußbodenheizung (Hypokausten) für den Allgäuer Winter wohnlich gehalten werden. Damit bot Cambodunum alles, was wir heute gemeinhin mit römischer Zivilisation verbinden.

1883 wurde vom Kemptner August Ullrich diese Zivilstadt bei von ihm veranstalteten Grabungen entdeckt, die dann besonders 1937/38 unter Ludwig Ohlenroth wissenschaftlich vorbildlich fortgesetzt wurden. Zwar wurden in den 1950er Jahren Teile des alten Cambodunum überbaut und der weiteren Forschung entzogen, doch trug später die Zusammenarbeit des Bayerischen Landesamtes für Denkmalpflege, der Universität München und der Stadt Kempten (Stadtarchäologie) Früchte: 1983 öffnete der APC (Archäologischer Park Cambodunum), um zum einen die Weiterführung der archäologischen Ausgrabungen zu gewährleisten und zum anderen der Öffentlichkeit die bisherigen Grabungsergebnisse eindrucksvoll zu präsentieren und informierend zugänglich zu machen. Damit wird eine Tradition fortgeführt, mit der der APC durch seine Aktivitäten heute und für die Zukunft das römische Erbe des Allgäus sichert und lebendig hält.

Altdorf (Escone), in deren Nähe sie die Wertach überbrückte, Bernbach, Tremmelschwang, Ödwang und Oberzell das mittlere Ostallgäu, um schließlich Epfach und den Lech zu erreichen. Des Weiteren nimmt man noch römische Straßenverbindungen in Nord-Süd-Richtung von Schlingen über Pforzen, sich danach in eine West- (Heimenhofen, Geisenhofen, Weib-

APC – der Archäologische Park Cambodunum in Kempten.

letshofen, Thalhofen a. Wertach, Seeg und Weißensee-Füssen) und eine Ostroute (Kreen, Bertoldshofen, Stötten, Füssen) gabelnd sowie eine römische Verbindungsstraße von Reutte über Musau ins Pfrontener Tal nach Nesselwang (Kempten) an.

Die Überlieferung und die archäologische Forschung lassen derzeit für das Unterallgäu einigermaßen gesichert lediglich die Straßenverläufe der schon beschriebenen Römerstraßen auf dem heutigen Kreisgebiet vermuten, große Straßenkreuzungen wie in Cambodunum oder bei Altdorf und Kreen im Ostallgäu gab es wohl nicht.

Für die römische Expansion waren die Straßen sehr wichtig, zunächst für Truppenbewegungen, später verlagerte sich die Bedeutung auf die zivile Nutzung von Handel und Wandel dieser wichtigen zivilisatorischen Leistung Roms. Da die römischen Ingenieure immer die Ideallinie als kürzeste Verbindung zwischen zwei Orten anstrebten und verwirklichen wollten, wurden bis in die Gegenwart lange und sehr gerade Wege und Straßen gerne als Römerstraßen, wie z. B. bei Baisweil, bezeichnet. Zu ihrem Bau wurde zunächst ein ca. ein Meter tiefer Aushub gegraben, zwischen sechs und zehn Meter breit, die Sohle wurde geebnet und gestampft; danach wurden lagenweise große Bruchsteine, grobe sowie feinere Kiesel mit Sand und Lehm aufgebracht, die Straßenoberfläche wurde gewölbt und gepflastert. Auf Steilstrecken wurden Geleise in die Pflasteroberfläche eingebaut, wie sie sich z. B. bei Buchenberg erhalten haben. Die Brücken waren in der Regel aus Holz, winterfeste Steinbrücken aus der Römerzeit sind im Allgäu bis jetzt nicht nachgewiesen worden.

Römische Zivilisation

Mit der römischen Eroberung war das Allgäu Teil des römischen Reiches geworden. Diesem ging es allerdings hauptsächlich um die Ausweitung seines Herrschaftsgebietes und das Erschließen neuer Rohstoff- und Nachschubquellen für seine Armee sowie für den wirtschaftlichen und zivilisatorischen Bedarf des schon bestehenden Imperiums. War die oberste Herrschaft im neuen Gebiet ungefährdet, so genügte es, die Außengrenzen zu sichern und im Inneren mit entsprechenden Kräften für Ruhe, Ordnung und den regelmäßigen Steuer- und Tributeingang zu sorgen. Die römische Lebensart, die mit den neuen Herren ins Land kam, wurde der unterworfenen Bevölkerung allenfalls vorgelebt, nicht aufgezwungen.

Grundsätzlich war das römische Leben im Allgäu vom Militär bestimmt, was auch zur Verbreitung der lateinischen Sprache beitrug, denn die einheimischen Auxiliarsoldaten und -milizen mussten für ihren Waffendienst Latein lernen. Die nach über 20-jährigen Dienst ehrenvoll aus der Legion entlassenen Soldaten erhielten in der Regel Bauerngüter und Gutshöfe an den römischen Straßen, nicht selten mit der Bedingung, an einem bestimmten Straßenabschnitt für Sicherheit zu sorgen.

Zentrum der römischen Siedlungstätigkeit und Zivilisation für das Allgäu war die alte Keltensiedlung und wohl auch -festung Cambodunum, die zunächst von den Römern übernommen – über eine Zerstörung wird nichts berichtet – und später dann mit einer eigenen römischen Siedlung gleichen Namens zur Sicherung des Verkehrsknotenpunktes im südwestlichen Alpenvorland zur zentralen römischen Siedlung im Allgäu ausgebaut wurde. Diese neue Siedlung, auf dem heutigen Lindenberg fast gegenüber der alten gallo-keltischen Siedlung auf der Burghalde, wurde unter den Kaisern Tiberius und Claudius angelegt und ausgebaut; damals war es auch der Hauptort der Provinz Raetien, während Augsburg hauptsächlich als zentrales Militärlager der Provinz diente. Erst unter Kaiser Vespasian (9–79 n. Chr.), als die Nordgrenze des Imperiums über die Donau hinaus verlegt und der Bau des Limes begann, trat Augsburg als Provinzhauptstadt Raetiens die Nachfolge Kemptens an.

Die einheimische Bevölkerung passte sich mehr oder minder schnell der höheren und fortgeschrittenen Zivilisation der neuen Herren an, die z. B. durch neuartige Pflüge und eine systematische Bodenbebauung eine Steigerung der Ernten erzielten, die durch die flächendeckende Einführung der Geldwirtschaft den oft recht mühsamen keltischen Tauschhandel zurückdrängten und die für ein erhebliches Maß an innerer Sicherheit sorgten, da dies Voraussetzung für die bevorzugte Siedlungsform des offenen Einzelhofsystems war. Auch trugen die einheitlichen Maßeinheiten zur Steigerung des Wirtschaftslebens bei. Im Bereich des Handwerks war es die Einführung des moderneren Horizontalwebstuhls mit Endloskette und drehbarem Kettbaum, der zu einer Ausweitung der Textilproduktion (Leinwand) führte, die sich immerhin schon in bleiernen Warenetiketten aus der frühen Kaiserzeit (Fundorte am Auerberg, Rieden b. Marktoberdorf und Kempten) überlieferte.

Zu den weiteren Vorzügen der römischen Zivilisation gehörte auf jeden Fall das nun einheitlich für alle geltende römische Recht, verbunden mit einer ziemlich effizienten öffentlichen Verwaltung. Im Jahre 212 erhielten von Kaiser Caracalla alle freien Einwohner des Allgäus das römische Bürgerrecht und waren damit vollwertiges Mitglied des römischen Reiches.

Bei der Religion ließen die Römer eine erhebliche Toleranz walten, wenngleich sie schon zu Beginn der Unterwerfung des Allgäus wie in anderen Teilen Galliens mit der Ausrottung der Druiden und der Abschaffung der von diesen praktizierten Menschenopfern ein wichtiges Moment des möglichen Widerstandes der Bevölkerung auslöschten. Auch wenn die Übernahme von gallo-keltischen Göttern in den römischen Kultus möglich war, so ist doch nur die Verehrung der keltischen Pferdegöttin Epona in Raetien besonders bezeugt; von den übrigen 50 Göttern und Göttinnen, die im Allgäu verehrt und angebetet wurden, ist lediglich die Flussgöttin Gontia (Günz) aus dem Unterallgäu überliefert.

Das Ende der römischen Zeit

Da die römische Reichsgrenze an der Donau bzw. am Limes nördlich von ihr verlief und dort auch verteidigt wurde, erfreute sich das Allgäu als Teil Raetiens bis zum 3. Jh. einer ruhigen Friedenszeit. Allerdings kündigten die Markomannenkämpfe des Kaisers Mark Aurel ab 166 n. Chr. deren langsam herankommendes Ende an, auch wenn das Allgäu davon noch nicht direkt betroffen war. Damals begannen sich auch nördlich des Limes neue Germanenstämme zu formieren: die Franken im Bereich des heutigen bayerischen Frankens entlang des Mains und bis hin zur Rhein-Maas-Region sowie die Alamannen, die nördlich und nordöstlich davon im heutigen Thüringen so nach und nach die Juthungen und Semnonen in sich aufnahmen und damit ihren Stamm vergrößerten. Auch wenn Mark Aurel (121–180 n. Chr.) die Feldzüge gegen die Germanen zunächst siegreich abschließen konnte, war er sich des wachsenden Drucks auf die Reichsgrenze bewusst und verlegte deshalb die Legio III Italica Concors in ihr neues Hauptlager in Regensburg, um die Provinz Raetien gegen die Germanen zu decken. Unterstützung erhielt sie von der Legio XIII Gemina, die im Südwesten Raetiens und in Mainz stationiert war. Allenthalben entstanden nun an den römischen Straßen im Allgäu sog. *burgi* (Sg.: *burgus*). Das waren Wacht- und Verteidigungstürme mit einem massiven, aus großen Bruchsteinen gemauerten Fundament und Erdgeschoss im Maß von ca. zehn auf zwölf Meter, ca. 20–25 m hoch. In Ahegg bei Markt Buchenberg bei Kempten konnte solch ein Burgus noch freigelegt werden und kann heutzutage dort besichtigt werden.

Im Jahr 213 fand der erste Alamanneneinfall in Raetien statt, konnte aber von Kaiser Caracalla abgewehrt werden. 233 kam es zum nächsten, wesentlich weitreichenderen Einfall,

Der Burgus von Ahegg bei Buchenberg.

der dieses Mal auch das Allgäu überzog. Cambodunum wurde zerstört, die Germanen drangen über die Alpen bis nach Oberitalien vor. Beim nächsten großen Einfall 259/260 n. Chr. wurde das römische Cambodunum erneut und diesmal endgültig zerstört und auch nicht mehr aufgebaut. Die noch verbliebene Bevölkerung legte nun westlich der Iller unterhalb im Schutz der Burghalde eine letzte spätrömische Siedlung an. Die Iller war damit Grenzfluss geworden, die Grenze wich jetzt nördlich der Burghalde nach Westen in Richtung Isny vom Fluss ab und zog sich von dort bis nach Bregenz. Um diese Zeit (260 n. Chr.) wird die erste alamannische Landnahme im Allgäu vermutet und die ältesten »-ingen-Orte« im Iller- und Wertachtal werden auf diese Siedlungstätigkeit zurückgeführt.

Bei der unter Kaiser Diocletian (284–305) durchgeführten Reichsreform wurde das bisherige Raetien geteilt: Raetia prima (Innerraetien) mit der Hauptstadt Chur und Raetia secunda (Flachland-Raetien mit dem Allgäu) mit der Hauptstadt Augsburg gehörten zum Reichsteil Italia. Als es 303 unter Diocletian zu den Christenverfolgungen kam, war wohl im Allgäu besonders die christliche Gemeinde in Cambodunum betroffen, doch sind keine Opfer überliefert, im Gegensatz zu Augsburg, wo die hl. Afra den Märtyrerinnentod starb.

Im letzten Jahrhundert seiner Herrschaft versuchte das römische Reich besonders unter Kaiser Valentinian (364–375) energisch die Rhein-Iller-Donau-Grenze gegen die Germanen auszubauen, um Raetien, aber auch dem innerrömischen Reich Frieden und vor allem wirtschaftliche Erholung zu bringen. Die Illerlinie von Kempten zur Donau wurde auf dem östlichen Hochufer mit *burgi* befestigt (nachweisbar bei Stielings, Heising, Oberried, Hörensberg, Waldegg, Raupolz, Woringen, Dickenreis und Memmingen), die Straße Kempten – Augsburg erhielt *burgi* bei Waizenried (Untrasried), Blöcktach, Baisweil und Schlingen.

Es waren die um 380 an der östlichen Donau erschienenen Hunnen, die nun erheblichen Druck auf die Germanenstämme der Goten und Alanen ausübten und ihre Orientierung nach Westen veranlassten. Die Römer gaben um 387 die Donau-Iller-Grenze auf und räumten kampflos, aber planmäßig die Kastelle und *burgi*. Die nachstoßenden Alamannen nahmen das Land in Besitz und ungestört von der noch nominellen römischen Oberhoheit begannen sie auch östlich der Iller zu siedeln. 395 n. Chr. erfolgte die Teilung des römischen Reiches, die Provinz Raetien bzw. deren Reste gehören zur westlichen Reichshälfte (Westrom). Ein Jahr später verließen alle römisch-italischen Soldaten Raetien, archäologische Funde weisen darauf hin, dass germanische Truppen im Dienste Roms die Militäranlagen noch weit bis ins 5. Jh. nutzten.

Mit dem Abzug des römischen Militärs verließ auch die romanische und romanisierte Oberschichtbevölkerung das Allgäu, zurück blieb die Landbevölkerung gallo-keltischen Ursprungs, vermischt mit römischen Zugezogenen, die sich nun mit den neuen alamannischen Siedlern auseinanderzusetzen hatten, die in immer größerer Zahl in das von den Römern verlassene Land strebten. Gräberfunde aus dieser Zeit in Raetia secunda lassen sogar den Schluss zu, dass sich bereits im 5. Jh. die Völker vermischt hatten und sich die Bevölkerung im Allgäu als Folge der Alamannenstürme des 3. Jhs. veränderte: Der eher grazil-mediterrane Typ wurde vom grobschlächtigen und größeren germanischen Allgäuer verdrängt.

Trotz allem hatte Rom den Anspruch auf Raetien noch nicht aufgegeben: 430 durchquerte der römische Heeresmeister Aetius vom Bodensee kommend nach Osten hin mit einem römisch-hunnischen Heer die ehemalige Provinz, um die eingedrungenen Juthungen zu vertreiben, doch die nochmals errichtete römische Autorität währte nur kurz: Unter dem Alamannenkönig Gibuld wurde das Land wieder germanisch, der König weitete die alamannische Herrschaft über den Lech nach Osten aus.

Damit war die römische Zeit des Allgäus endgültig beendet, und 476 n. Chr. ging auch das weströmische Reich unter.

Alemannische Landnahme und Besiedelung

Herkunft und Verbreitung der Alemannen

Ein Wort zuvor zum Verständnis: In der Wissenschaft werden die Begriffe *Alamannen, alamannisch* und *Alemannen, alemannisch* je nach Methodik und Quellenstand verwendet. Sie werden zur westgermanischen Völkergruppe der Sueben gerechnet und wurden in den römischen Quellen zum ersten Mal 289 n. Chr. gesichert erwähnt. Ihre Herkunft beschreibt die Wissenschaft aktuell mit der Region zwischen dem heutigen Ostniedersachsen und Böhmen, und man muss wohl davon ausgehen, dass der Name zunächst nur ein Oberbegriff war. Zu den Alemanni zählten u. a. die germanischen Einzelstämme der Juthungen, Bucinobanten, Brisgavi, Rätovarier und Lentienser, die sich alle an der Rheingrenze oder am Limes angesiedelt hatten und nach Süden und Westen ins römische Reich expandieren wollten. Um 350/360 n. Chr. war das ganze Land rechts des Rheins, von der Lahn bis zum Bodensee, bis zur Iller und zur Donau alemannisch.

Nach der Schlacht auf den Katalaunischen Feldern (451) gegen die Hunnen setzte eine verstärkte Expansion der Alemannen nach West und nach Ost ein, die das alemannische Gebiet, zu dem auch das Allgäu gehört, bis zu den Rheinquellen im Süden, bis zum Main im Norden, bis über die Vogesen hinaus im Westen und über den Lech fast bis Regensburg ausdehnte. Allerdings gerieten sie in Konflikt mit Rhein- und Salfranken und mussten sich deren Oberhoheit nach verlorenen Schlachten (Zülpich 497) beugen. Der östliche Teil ihres Siedlungs- und Lebensgebietes, hauptsächlich das ehemalige Raetien, geriet unter die Herrschaft der Ostgoten unter Theoderich d. Großen († 526 n. Chr.). Auch das Allgäu gehörte zu seiner Herrschaft, in den Kastellen von Kempten und Füssen (Foetibus) lagen ostgotische Besatzungstruppen. Nördlich des Allgäus war das Land jedoch herrenlos. In Abgrenzung zur fränkischen Expansion am Rhein, vor der viele Alemannen nach Osten und Südosten flohen, nahm Theoderich (451/56–526 n. Chr.) die Alemannen auf und wies ihnen das nur noch dünn besiedelte Land zwischen Bodensee, Iller, Lech und Benediktenwand zu. Zur etwa gleichen Zeit jedoch drangen in einer Art Sickerwanderung aus dem böhmischen Becken die Bajuwaren über den Bayerwald und die Donau gegen die Alpen und zum Lech hin vor, sodass die von Westen und Norden her siedelnden Alemannen ab der Mitte des 6. Jhs. mit ihren neuen östlichen Nachbarn zurechtkommen mussten. Seit dieser Zeit sind Bayern und Allgäuer Nachbarn, und die Nord-Süd-Linie des Lechs gilt als Hauptgrenze auch im Alpenraum.

Die Franken unter König Theudebert I. übernahmen dann von den Ostgoten 536/37 nicht nur Churraetien, sondern das gesamte Protektorat über die Alemannen, sodass der fränkische Herrschaftsraum nun bis an den Lech reichte. Das Allgäu war damit Teil des fränkischen Reiches geworden.

Die alemannischen Siedlungen und Ortsnamen im Allgäu

Eine erste germanisch-alemannische Besiedelung des Allgäus fand nach der Aufgabe des Dekumatenlandes durch die Römer nach 260 n. Chr. statt, die abhängig von Stärke und Präsenz des spätantiken römischen Reiches stärker oder schwächer war. Je nach Unruhe der Zeitläufte zog sich die nichtgermanische Bevölkerung im Allgäu aus dem Flachland in die Berge zurück, für sie entsteht der Name Walchen oder Welschen, der sich dann östlich des Lechs in einigen Ortsnamen niederschlägt. Die ab 496 eher kontinuierlich ablaufende alemannische Besiedelung des Allgäus stand zunächst unter der ostgotischen Vorgabe, dass die bereits im Gebiet ansässige frühalemannische oder keltoromanische Bevölkerung in ihren Besitzrechten ungestört bleiben sollte.

Die Ortsnamen auf -ingen und auf -heim werden von der Wissenschaft zu den ältesten gezählt, denn die nach Flurbesonderheiten, Wasserläufen usw. gebildeten Namen können zwar

DIE ELLIPTISCHEN ORTSNAMEN IM ALLGÄU

Eine Allgäuer Besonderheit sind die elliptischen Ortsnamen aus der späteren Rodungszeit. Diese Zeitspanne schließt sich siedlungsgeschichtlich ab ca. 800 n. Chr. an die Landnahmezeit an, in der die -ingen-, -heim- und -hofen-Orte entstanden. Die großen Wälder zwischen Mindel und Wertach, aber auch im weiteren Illertal wurden nun für die Siedlungen gerodet; die Ortsnamen auf -ried, -reit, -reut geben davon Zeugnis, von denen es im Oberallgäu über Hundert gibt. Unter ihnen haben sich wohl im 9. und 10. Jh. durch den Wegfall des -ried-Grundworts und dem bloßen Verbleib des namensgebenden Genitivs als Bestimmungswort Ortsnamen wie z. B. Waltrams (bei Weitnau), das sich vom ursprünglichen Paldrammis<u>ried</u> (872) über Baldrammes (894) zur heutigen Form entwickelt hat. Auch etliche Ortsnamen mit dem Grundwort -holz gehören zu den elliptischen Bezeichnungen, wobei ursprünglich die Namensendung auf -olt lautete, die mit einem Genitiv-S zu -holz mutierte, bei dem dann das Grundwort -ried wegfiel, wie z. B. beim Namen Großholz, entwickelt aus dem alten Gozolts(ried). Schwerpunkte dieser elliptischen Ortsnamen sind das Gebiet im Oberallgäu um Kempten, von dort nach Norden Memmingen zu und nach Westen, dem Bodensee zu ausgreifend. Ein weiterer Schwerpunkt ist das mittlere und südliche Ostallgäu um Marktoberdorf herum, selten sind sie im Füssener Raum, fast völlig fehlen sie im Umland von Kaufbeuren.

ebenso alt sein, werden aber bis in die Gegenwart hinein gebildet. In der Regel weisen die -ingen-Orte im Allgäu auf eine Gründung durch eine alemannische Sippe hin, die zunächst die waldfreien Gefilde besiedelten und den Namen des Sippenältesten oder Sippenhäuptlings erhielten. Ihr Entstehen wird in das 4. und 5. Jh. gelegt. Im Landkreis Unterallgäu sind es u. a. die Orte Amendingen, Benningen, Ettringen, Irsingen, Memmingen, Rammingen, Schlingen (wird auf eine Vandalensippe zurückgeführt), Wiedergeltingen und Woringen, die zu diesen alten Siedlungen ab dem 6. Jh. gezählt werden können. Im Ostallgäu sind es u. a. Lamerdingen (Lademout), Denklingen (Denchilo), Bidingen (Bido) und Wenglingen

(Wangilo), die auf diese Siedlungszeit zurückgehen. Auffälligerweise fehlen im Oberallgäu jene alten -ingen-Orte. Zeitlich nahe anschließend, aber von einer anderen Siedlungsvoraussetzung ausgehend, sind die -heim-Orte, die auf eine wie immer auch geartete Siedlung hinweisen. Zwar sind die Übergänge fließend – etliche -heim-Orte haben das gleiche Alter wie die älteren -ingen-Orte –, doch treten bei ihnen bereits neue Namenselemente auf, wie z. B. Himmelsrichtungen (Sontheim, Ober- und Unterwesterheim, LK Unterallgäu), Geländemerkmale und Wasserläufe (Mindelheim) oder Kirchenbauten (Kirchheim, LK Unterallgäu). Im Allgemeinen gilt die Linie Buxheim – Sontheim – Mindelheim – Stockheim als Südgrenze der alemannischen -heim-Orte im Allgäu aus dieser frühen Siedlungszeit; insgesamt zählt man für die Allgäuer Landkreise 26 alte -ingen- und 13 alte -heim-Orte, wobei auffällt, dass es im Oberallgäu keinen dieser alten Ortsnamen gibt. Die Besiedelung dieses Raumes setzte erst Rodungsarbeiten und die Existenz von älteren Orten in den benachbarten Gegenden voraus, sodass aus dem Wegzug von Einzelsippen und -familien neue Orte entstehen konnten. So zählt man für das Oberallgäu 33 Orte auf -hofen (-hof) aus der älteren Siedlungsperiode, die gegen 750 n. Chr. als abgeschlossen gilt. Sie ziehen sich hauptsächlich das Illertal nach Süden entlang, wobei sie sich auch an den alten Römerstraßen orientierten.

Medaillon des Ostgotenkönigs Theoderich d. Großen, ca. 520 n. Chr.

Herausbildung der Lechgrenze

In jener frühkarolingischen Zeit, als unter Karl Martell (688/91–741 n. Chr.) der fränkische Reichsausbau durch Rodung und Besiedelung weiter vorangetrieben wurde, bildete sich die älteste Grenze des Allgäus endgültig aus: die Lechgrenze im Osten zum Herzogtum Bayern hin, das damals in der Endphase der Merowingerherrschaft eine gewisse Eigenständigkeit erlangte, die jedoch unter Karl Martell ab 728 wieder in Frage gestellt wurde. Gleichzeitig begann unter diesem Karolinger die staatsfränkische Erschließung des Ostallgäuer Raumes zum Lech hin, es wurden fränkische Königshöfe (Kempten, Memmingen, Kaufbeuren, Füssen, Unterthingau) gegründet, von denen der Kaufbeurer Königshof nicht nur zur Keimzelle der späteren Stadt wurde, sondern von Anfang an eine wichtige strategische Funktion zur ostwärts gelegenen Reichsgrenze hatte. Nach dem Tode Karl Martells 741 verbündeten sich der Alemannenherzog Theutbald und der Bayernherzog Odilo gegen die Franken, es kam zur bewaffneten Auseinandersetzung. Die Franken marschierten ab 742 durch das Allgäu nach Osten, verwüsteten das Land bis zur Donau und besiegten die Alemannen in einer nicht näher überlieferten Schlacht. Deren geschlagenes Heer flüchtete über den Lech und vereinigte sich mit dem bayerischen Aufgebot. Die Franken drangen weiter nach Osten auf bayerisches Gebiet vor, bis Herzog Odilo sich 743 zum Frieden gezwungen sah. Nochmals erhob sich Herzog Theutbald gegen die Franken, wurde wieder besiegt und beim Cannstatter Gerichtstag (Cannstatter Blutsonntag) zogen die Franken den alemannischen Adel zur Verantwortung und richteten einen Teil davon hin. Dann wurde das Herzogtum Alemannien geteilt, für den Teil nördlich des Bodensees und damit auch für das Allgäu wurde der fränkische Adelige Ruthard als (Amts-)Herzog eingesetzt.

Von dieser Zeit an begannen die Franken im Ostallgäu die Lechgrenze zu befestigen und auszubauen, wobei der Königshof Kaufbeuren am Wertachübergang zum Zentrum dieses Verwaltungs- und Verteidigungsbezirks wurde. Nicht nur die Ortsnamen Frankenhofen und das später gegründete Franken-

Grab Karl Martell in St. Denis (Frankreich).

ried weisen darauf hin, auch die Orte Westen-, Ober- und Unterostendorf sind fränkische Gründungen, die im älteren Dösingen ihren Bezugspunkt haben. Mit der endgültigen Unterwerfung der Bayern 787 durch Karl d. Großen wurden diese Sicherungsmaßnahmen überflüssig, doch hatten sie für die Besiedelung des Ostallgäuer Raumes erhebliche Bedeutung.

Generell kann zu diesem Zeitraum (750) die alemannische Landnahme, ein ohnehin recht unspektakulärer Vorgang, für das Allgäu als abgeschlossen gelten. Das Land hatte nun mit den Franken neue Oberherren, und aus den Resten des alemannischen sowie des fränkischen (Amts-)Adels begann sich die neue Oberschicht zu bilden.

Christianisierung und fränkische Zeit

Christianisierung und Kirchenorganisation

In der römischen Zeit kam und ging das Christentum im Allgäu; auch wenn keine direkten Zeugnisse vorliegen, können wir davon ausgehen, dass zumindest sich in Kempten (Cambodunum) und Füssen (Foetibus) und vielleicht in Epfach (Abodiacum) christliche Gemeinden gebildet haben. Mit dem Abzug der Römer wich auch – von den eben erwähnten Orten abgesehen – der christliche Glaube aus dem Land.

Die alemannischen Siedler und Einwanderer brachten ihre germanische Religion mit und verehrten ihre Götter in Naturheiligtümern und Naturkultstätten, wie Bäume und Haine. Es wird von einer alten alemannischen Opferstätte im Allgäu berichtet, die bei Roßhaupten dessen Ortsnamen von den für Wotan aufgesteckten Rossköpfen ableitete.

Erst als die Franken die Oberhoheit über das alemannische Gebiet erlangt hatten, setzte von Westen her die christliche Mission ein, getragen von iro-schottischen Mönchen. Vom irischen Kloster Bankor stammten die Missionare Columban und Gallus, die um 610 mit merowingischer Ermunterung zunächst am Bodensee missionierten – Gallus gründete um 613 eine Mönchszelle, aus der dann das Kloster St. Gallen erwachsen sollte – und den Boden für die nächste Welle der Missionsmönche bereiteten. Voraussetzung dafür war auch die Definition der Bistumssprengel von Konstanz und Augsburg, die König Dagobert I. (632–639) organisierte.

Vom jetzt schon missionarisch wirkenden Kloster St. Gallen wurden dann nach Beendigung der alemannisch-fränkischen Auseinandersetzungen und der Abgrenzung zu Bayern hin ab 740 vom Augsburger Bischof Wikterp wieder Missionare ins Land geholt, um besonders die östlich der Iller lebenden Alemannen zum Christentum zu bekehren. Schon unter den vorherigen Missionaren war die neue Religion im Allgäu nicht

Älteste Darstellung des heiligen Magnus in der Krypta der ehemaligen Klosterkirche des Klosters Füssen.

unbedingt auf Gegenliebe gestoßen: Vielleicht als Reaktion auf die mit keltischem Temperament vorgetragenen Predigten wird in der um diese Zeit entstehenden *lex alamannorum* das Verprügeln eines Bischofs als Straftat aufgenommen.

Da die fränkischen Herren aber Wert auf eine Christianisierung der unterworfenen Bevölkerung legten, gründeten die Missionare Magnus (Apostel des Allgäus) und Theodor die Klöster Kempten und Füssen, auch das Kloster Ottobeuren wurde durch die Mitwirkung von Theodor gegründet (764).

Eine weitere Stütze der Christianisierung waren die in der Zwischenzeit gegründeten fränkischen Königshöfe, in deren Umfeld sich die fränkischen Martinspatrozinien verbreiten, wie z. B. in Kaufbeuren, Jengen, Waltenhofen b. Kempten, Obergünzburg, Marktoberdorf, Bolsternang, Eglofs, Röthenbach, Martinszell, Frauenzell, Stiefenhofen und Ingenried. Dem hl. Georg widmete man gerne die Kirchen, die auf Bergen und Hügel standen, so bei Untergermaringen, der Auerberg, die Kirche von Seifriedsberg und der Lindenberg b. Rieden (bei Kaufbeuren).

Der Ausbau der Kirchenorganisation im Inneren führte nach der Bistumsregelung noch in der Zeit Karls des Großen (747/48–814 n. Chr.) zur Gründung der Urpfarreien, die die Seelsorge für die Bevölkerung zum einen sicherstellen sollten, zum anderen auch für die weitere missionarische Festigung des Christentums sorgten. Neben den christlichen Zentren der Klöster waren sie für die weitere christliche Durchdringung des Allgäus verantwortlich.

Zu den Ur- oder Mutterpfarreien des Allgäus zählten im Ostallgäu auf jeden Fall Altdorf mit seinen zahlreichen Tochterpfarreien um Marktoberdorf herum, Oberbeuren und auch Pfronten. Im Unterallgäu waren Urpfarreien in Mindelheim, Derndorf (Kirchheim), Pfaffenhausen und Steinekirch, während im Oberallgäu durch die starke Ausstrahlung des Klosters Kempten die Urpfarreien von Mönchen erbaut und versorgt wurden, was sich in den Ortsnamen mit -zell (lat. *cella* Kammer) niederschlug wie Agathazell (Sonthofen), Frauenzell oder Krugzell, Martinszell, Zell b. Oberstaufen und Zellen in Memhölz.

Für die Größe einer solchen Urpfarrei galt ein Radius von 15 km als das Äußerste, schließlich bedeutete das für die Randbewohner der Pfarrei einen mehrstündigen Fußmarsch zum sonntäglichen Gottesdienst, auch wurde die Seelsorge damit sehr zeitaufwendig. Für das Allgäu, das östlich der Iller zum Bistum Augsburg, westlich der Iller zum Bistum Konstanz (bis 1803) gehörte, wurden die Dekanate Kempten, Ottobeuren, Baisweil, Kaufbeuren, Marktoberdorf, Füssen, Kirchheim, Mindelheim, Memmingen für das Bistum Augsburg und das Dekanat Isny zum Bistum Konstanz gehörig geschaffen; eine Einteilung, die mehr oder minder bis in die Gegenwart Bestand hat.

Als Allgäuer Hauptklöster zählten Kempten, Ottobeuren und Füssen sowie ebenso die ehemaligen reichsständischen Klöster Irsee und Buxheim.

Am Ende der Regierungszeit von Karl dem Großen war die Christianisierung des Allgäus wohl beendet, was aber nicht bedeutete, dass die alte Religion aus der Volkserinnerung vollständig verschwand. Vielmehr zeigt der reiche Allgäuer Sagenschatz mit seinen Drachen, Elben, Riesen, Bergmännlein, den Schlorkhannsen und den Schrätele, wie lange diese Traditionen noch

Bärbele- und Klausentreiben in Sonthofen.

weitergegeben wurden. Auch die Klausen und Bärbele gehören zu dieser uralten Überlieferung, die später von der Tourismusindustrie bereit- und gewinnwillig aufgegriffen wurde.

Die Fränkische Herrschaft: Grafschaftsverfassung, Binnensiedelung, Einführung des Lehnswesens

Das ältere schwäbische Stammesherzogtum besaß seit ca. 730 mit der *lex alamannorum* eine erste rechtliche Grundlage für das staatliche Zusammenleben, bei dem – ähnlich den anderen Volksrechten wie der *lex baiowariorum* – der alte germanische Rachegebrauch der Friedensordnung eines verbindlichen Bußgeldkatalogs weichen musste. Die *lex alamannorum* sah den Herzog an der Spitze als Gerichtsherr, Bewahrer des Friedens und obersten Heerführer. Die Bevölkerung teilte sich in Freie und Unfreie, wovon die Freien sozial nach Besitz und Vermögen abgestuft waren; auch die Bußgelder richteten sich in ihrer Höhe nach dem sozialen Stand. Dieses Recht hatte auch im Allgäu seine Gültigkeit.

Für Rechtsprechung und Verwaltung – wenn letztere überhaupt ausgeübt wurde – waren zu dieser Zeit die einzelnen Gaue und die sie beherrschenden Adeligen zuständig. Für das Allgäu werden sechs Gaue feststellt: Alpgau im Süden des heutigen Oberallgäus, westlich und nordwestlich daran angrenzend der Argengau, der nördliche Nachbargau des Alpgaues war der Nibelgau (heute ungefähr die Region um Kempten und das nördliche Oberallgäu), an den wiederum nördlich davon der Illergau angrenzte, der beidseitig der Iller bis zur Donau reichte und dessen südlicher Teil mit Memmingen und Aitrach wohl noch zum heutigen Allgäu gerechnet werden kann. Die beiden östlichen Nachbargaue des Nibelgaus sind der Gau Duria mit dem Quellgebiet der östlichen Günz, der Mindel und der Schmutter sowie südlich davon der Keltensteingau, der heute ungefähr vom südlichen Landkreis Ostallgäu bis nach Füssen abgedeckt wird und an den sich nördlich der Augstgau anschließt, der ebenfalls mit dem Lech als Ostgrenze sich vom nördlichen Ostallgäu bis nach Augsburg zieht. Auch wenn diese Gaue schon bald von den Karolingern planmäßig durch die fränkischen Grafschaften ersetzt worden sind, hat der Alpgau (Albgau) mit nachweislich fünf Ortsnennungen mit dem Zusatz Albigau, Albegauge, Albigoi, Albekewe und Albegeuwe zwischen 817 und 905/06 den späteren Namen Allgäu in die Welt gebracht und geprägt.

In der fränkischen Grafschaftsverfassung wird das Adelsgeschlecht der Udalrichinger für das Allgäu bestimmend; entstammend dem alten alemannischen Herzogshaus und durch die Heirat Karls des Großen mit Hildegard dann mit den Karolingern verschwägert, wurde ihre Stellung im Allgäu zwar durch die Bestrebungen nach dem Tode Hildegards durch deren Nachfolgerin Fastrada beeinträchtigt, doch konnte sich das Geschlecht bei den Auseinandersetzungen Karls mit dem Bayernherzog Tassilo III. wieder in Gunst bringen. Ihr eigentlicher Herrschaftsbereich lag aber eher im westlichen Teil des Allgäus; es zählten der Alpgau, der Argengau und später auch der Nibelgau zu ihrer eigentlichen Herrschaft. Das Gebiet östlich der Iller bis zum Lech war entweder bereits Herrschaftsgebiet des Stifts Kempten oder es galt als Königsland, das mit dem *officium Buron* (Kaufbeuren) einen gewissen Mittelpunkt hatte.

Die Kriege Karls des Großen gegen die Sachsen bescherten dem Allgäu eine Reihe von Kriegsgefangenen- und Ver-

DIE KAISERLICHE GRÜNDERIN

Hier ruht Hildegard,
einst Karls glückliche Gattin,
die durch ihren Liebreiz,
noch mehr aber durch die Vorzüge ihres Herzens
die anderen Frauen übertraf.

Mit diesen epitaphischen Zeilen verkündet der langobardisch-karolingische Historiker Paulus Diaconus vom Leben der 2. Gemahlin Karls des Großen. Nach heutigen Vorstellungen war sie noch ein Kind, als sie Anfang 771 mit dem noch jungen Frankenkönig verheiratet wurde. Natürlich lagen dieser Ehe politisch-strategische Gedanken zugrunde: Karl konnte damit seine Stellung östlich des Rheins und nördlich der Alpen wesentlich stärken, denn Hildegards gräfliche Eltern hatten dort und am Bodensee umfangreichen Besitz. Die Ehe hat sich wohl eher glücklich gestaltet, die Königin durchlebte in zwölf Ehejahren acht Schwangerschaften und gebar unter anderem auch den Nachfolger Karls, Ludwig den Frommen.
Dem seit 752 bestehenden Kloster Kempten stand die Frankenkönigin besonders nahe. Sie übertrug aus ihrem mütterlichen Erbe stammende Güter in reichem Maß dem Kloster, dem zudem 774 vom König Immunität, die niedere Gerichtsbarkeit und freie Abtwahl verliehen wurden. Dafür wurde später Hildegard als eigentliche Gründerin des Klosters angesehen und verehrt. Zur Lebenszeit Karls des Großen umfasste der Konvent ca. 25–35 Mönche, die nach der Regel des hl. Benedikt arbeiteten und beteten.
Auch wenn Hildegard nach ihrem Tode 783 in der Abtei St. Arnulf in Metz beigesetzt wurde, so glaubten das die Kemptner und das Kloster nicht: Man erbaute eine Grabkapelle, führte Mirakellisten und verehrte sie wie eine Heilige. Noch heute legen Häuserschmuck, Platznamen und das als reine Mädchenschule gegründete Hildegardis-Gymnasium Zeugnis von dieser Erinnerung ab.

schlepptenansiedlungen, auf die die heutigen Ortsnamen Sachsenried (bei Schongau und bei Reicholzried), Achsenried bei Breitenbrunn und Exenried im Eschachtal hinweisen. Sächsische Verschleppte vom westfälischen Fluss Stever dürften wohl den Platz für die spätere Siedlung Stiefenhofen urbar gemacht haben.

In der 812 noch von Karl dem Großen erlassenen Capitulare de villis, einer karolingischen Landgüterordnung, die den Wirtschaftsablauf auf den königlichen Domänen und Gütern regelte, wurde das landwirtschaftliche Erwerbsleben z. B. durch die Einführung der Dreifelderwirtschaft auch im Allgäu neugestaltet und hatte damit bis zum 19. Jh. Bestand, ebenso der damit verbundene Flurzwang.

Besonderes Augenmerk legten die fränkischen Könige und Kaiser auf die Stärkung und Entwicklung der Klöster in Kempten und Ottobeuren. So wurde auf Befehl Karls des Großen im Kloster Kempten 789 eine Lateinschule eröffnet, die der Klerikerausbildung dienen sollte. Das heutige Carl-von-Linde-Gymnasium Kempten führt sich auf diese Lateinschule zurück.

Seit der fränkischen Herrschaft wurde im Allgäu das Lehensrecht eingeführt, das im Lauf der Zeit immer weiter ausgebildet und differenzierter wurde. Im Allgäu wie in vielen anderen Landesteilen verschwanden so nach und nach die freien Bauern, die unbeeinträchtigt auf ihren Höfen und Gütern saßen und mit ihrer Sippe und dem dazugehörigen Gesinde das Land bebauten. Ein Teil von ihnen stieg zum Adel auf, doch lastete auf den freien Bauern auch die Pflicht zur Heerfolge, was gerade in fränkischer Zeit ihre Anzahl wesentlich schrumpfen ließ. Einzigartig für den süddeutschen Raum aber waren die Freien auf der Leutkircher Heide, die noch aus fränkischer Zeit stammten.

Im Allgemeinen führte jedoch das Lehnswesen bei den Bauern in die Abhängigkeit von den Grundherren und damit zu einer sozialen Minderung des Bauernstandes. Von dieser Zeit an bis zum Ende des Alten Reiches war es dann im Allgäu die Norm, dass die Bauern ihren zu bebauenden Grund nur noch im Rahmen der Grundleihe verabfolgt bekamen, womit oft genug auch die Leibeigenschaft verbunden war.

Das Hochmittelalter

Im Jahr 819 heiratete Kaiser Ludwig der Fromme Judith, die Tochter des in Oberschwaben und im südlichen Lechrain begüterten Welf I., wodurch dessen Familie zur bestimmenden Hochadelssippe im südschwäbisch-bayerischen Raum wurde. Die konkurrierenden Udalrichinger sanken nach dem Aussterben der Karolinger auf die Stufe von Grafen zurück.

Seit dem Beginn des 10. Jhs. sah sich der süddeutsche Raum vermehrt erheblichen Einfällen des Reitervolks der Ungarn aus der pannonischen Tiefebene ausgesetzt. Als erstes Mittel zum Schutz der Bevölkerung begann man Fliehburgen anzulegen. 909 wurde das Kloster Kempten mit der schon vorhandenen Siedlung beim ersten Ungarneinfall geplündert und gebrandschatzt. Im Allgäu selbst konnten die Bewohner in den höheren Regionen ihr Vieh und sich selbst in Bergverstecken bergen, in den flacheren Gebieten des Allgäus sind Reste von diesen Fliehburgen noch bei Hupprechts (Gem. Memhölz), Kutten und Schmiedreute (Gem. Wiggensbach), Mannenschley (Gem. Reicholzried), Wagsberg (Gem. Kronburg), am Ulrichbrunnen bei Ottobeuren, auf der Kanzel bei Stöttwang (LK Ostallgäu) und – erst jüngst entdeckt – am westlichen Wertachhochufer zwischen Leinau, Pforzen und Irsee überliefert.

Der Kampf um das Herzogtum Schwaben: Welfen und Staufer

Bedingt durch die Schwäche des Königtums, die auch durch die Wahl Konrads I. nicht beseitigt wurde, erstarkte das regionale Herzogtum Schwaben wieder. Allerdings hatten sich nun die schwäbischen Herzöge im Allgäu mit drei mächtigen Konkurrenten um die Herrschaft im Land auseinanderzusetzen: das Stift Kempten, dessen umfangreiche Ländereien auf die karolingische Gunst zurückzuführen waren, das Stift Ottobeuren und seit 923 das Hochstift Augsburg, dessen neuer

Bischof Ulrich I. aus der Familie der Hupaldinger stammte und Ausstrahlung, Tatkraft und Machtbewusstsein wie selten eine Persönlichkeit seiner Zeit in sich vereinte. Seine Nähe zu König Otto I., seine bestimmende Rolle bei der Abwehr der Ungarn 926 und vor allem 955 machten ihn zu einem Kirchenfürsten, der auch die weltliche Herrschaft des Hochstifts ausweitete. Ulrichs Nachfolger spielten dann am jeweiligen Königs- und Kaiserhof eine wichtige Rolle, und so fiel dem Hochstift Augsburg in den strategischen Überlegungen der jeweiligen Kaiser bezüglich der Herrschaft über den Zugang zu den Alpenpässen (Via Claudia!) eine wichtige Funktion zu. Der Bischof von Augsburg wurde sozusagen zum Hüter des Alpenzugangs bei Füssen, und das Territorium des Hochstifts wurde entsprechend ausgebaut: Von Augsburg aus sich zwischen Lech und Wertach nach Süden erstreckend, mit der Pflege Buchloe Allgäuer Gebiet erreichend, sich dann weiter nach Süden bei der Pflege Oberdorf (Marktoberdorf) verbreiternd und zwischen Füssen und Nesselwang ungefähr die größte West-Ost-Ausdehnung findend, kamen im Spätmittelalter noch das Gebiet um Sonthofen und Oberstdorf hinzu, und zwar in Gestalt der Pflegen Rettenberg und der Herrschaft Heimenhofen. Grundlage für diese Erweiterung war die 1059 von Kaiserin Agnes als Reichverweserin vorgenommene Verleihung des Wildbannes im oberen Allgäu östlich der Iller an Bischof Heinrich II. von Augsburg.

Auch das Fürststift Kempten erlangte in diesen Jahrhunderten einen vorläufigen Abschluss seines territorialen Besitzes und begann sich unter den Staufern zu einem staatsähnlichen Gebilde (Grafschaft Kempten) zu wandeln. Von Lautrach ganz im Nordwesten zog sich die Grenze ziemlich geradlinig nach Friesenried im Nordosten des Kemptner Gebiets, um dort auf das Kloster Irsee und die Reichsstadt Kaufbeuren zu stoßen, folgte dann von Biessenhofen nach Südwesten der Wertach bis zur Grenzmark Waxenegg und überquerte nach einem eher bogenförmigen Verlauf nach Westen südlich von Sulzberg bei Martinszell die Iller, um sich dann nahe an Sonthofen wieder nach Norden zu wenden und sich östlich von Weitnau und Wangen über Frauenzell nach Lautrach zu ziehen.

Herzog Welf VI. in einer idealisierten Darstellung um 1500.

Eine ähnliche Konsolidierung der Territorien kann auch im Unterallgäu beobachtet werden, allerdings überwogen hier mit der Reichsstadt Memmingen und den Herrschaften Mindelheim und Schwabegg gegenüber dem Reichsstift Ottobeuren die weltlichen Herrschaftsträger.

Natürlich sind die geschilderten Prozesse der territorialen Herrschaftsausbildung im Allgäu damit nicht abgeschlossen und sie sind auch nicht so einfach abgelaufen: Die Forschung zeigt für diese Zeit ein differenziertes, sich dauernd veränderndes Bild, das in seinen Einzelheiten zu schildern hier nicht der Platz ist. Generell kann jedoch festgehalten werden, dass sich im Hochmittelalter die Dominanz der katholisch-geistlichen Herrschaften im Allgäu ausbildet und bis auf kleinere Verschiebungen sich bis zum Ende des Alten Reiches halten sollte.

Schwer zu leiden hatte das Allgäu unter den Auseinandersetzungen zwischen den päpstlichen und kaiserlichen Anhängern, die der Streit zwischen Kaiser Heinrich IV. (1050–1106) und Papst Gregor VII. (1025/30–1085) hervorgerufen hatte. Die Welfen standen auf Seiten des Papstes und wurden von den Klöstern Kempten, Ottobeuren und Füssen unterstützt. Ihnen gegenüber standen der Kaiser, die Bischöfe von Augsburg und Konstanz sowie oberschwäbische Ritter. Bis 1095 dauerten die Kämpfe, dann gingen sie zunächst zu Ende und das Allgäu galt als welfisches Interessengebiet, ohne jedoch die Stellung der grundbesitzenden Klöster in Frage zu stellen. Die Kreuzzugsbewegung erfasste in diesem Jahr auch das Allgäu, und Graf Hermann von Kirchberg, Herr des Argen- und Alpgaus, schloss sich mit seinem Aufgebot 1096 dem Kreuzzug Gottfried von Bouillons an. Zu Beginn des 12. Jhs. stiegen mit Herzog Friedrich II. dem Einäugigen (1105–1172) die Staufer als Herzöge von Schwaben auf, während die Welfen von Bayern aus ihre Macht im und um das Allgäu festigten. Die vermögenden Adelsfamilien der Herren von Mindelberg und von Ursin-Ronsberg wurden zu Vasallen des Welfen. Mit dem Aussterben der Edlen von Beuren machte er dem Ottobeurer Abt den beabsichtigten Zugriff auf die Stadt Kaufbeuren zunichte, sie wurde letzten Endes als Klosterlehen dem Welfen zugesprochen.

Allerdings bekam diese doch recht erfolgreiche Herrschafts- und Territorialpolitik mit dem Tode des Sohnes Welf VII. 1167 in Italien einen Knick – der Vater Welf VI. (1115–1191) verwand den Verlust nicht und zog sich aus der aktiven Politik weitgehend zurück. Noch zu seinen Lebzeiten beendete Welf VI. durch die Aussöhnung mit seinem staufischen Neffen Friedrich Barbarossa (1122–1190) den welfisch-staufischen Konflikt im süddeutschen Raum: 1178/79 vererbte er hochoffiziell seinen gesamten süddeutschen Besitz an seinen kaiserlichen Neffen, und bei seinem Tod 1191 in Memmingen wurde dies alles staufisch.

Damit war für das Allgäu zunächst einmal der teilweise verheerende Kampf um das Herzogtum Schwaben vorüber. Schon in den letzten Lebensjahren des politisch nicht mehr ambitionierten Welf VI. war eine erhebliche Beruhigung eingetreten.

Unter der Herzogs- und Königsherrschaft des politisch begabtesten Herrschergeschlechtes der deutschen Geschichte kam es im Allgäu zu einer überlegten und durchdachten Entwicklungspolitik. Die Städte Memmingen, Kaufbeuren, Kempten, Isny, Wangen und Leutkirch machten unter den Staufern den Schritt von der präurbanen Siedlung zur Stadt, die ummauert und wehrhaft gemacht wurde. Von den Staufern wurden sie ganz selbstverständlich als ihre Städte angesehen, wie es in der ältesten Königsurkunde deutscher Sprache vom 25. Juli 1240 über Kaufbeuren heißt, das König Konrad IV. (1228–1254) als »vnser stat zu Buron« bezeichnete. Am Beispiel der staufischen Stadterweiterung Kaufbeurens, die auch heute noch in der Altstadt gut sichtbar ist, wird der überlegene staufische Form- und Planungswille deutlich, der mit seiner durchdachten Umsetzung des goldenen Schnitts einen menschlich-urbanen Raum schuf, der in dieser Vollkommenheit dort bis heute nie mehr erreicht wurde.

Die Entwicklung der Stadt Kempten fand zunächst unter der Oberhoheit des allüberwölbenden Stifts statt. 1237 wurden bereits Kemptner Kaufleute auf Südtiroler Messen bezeugt, und wie in Kaufbeuren wird die erste Stadtummauerung um 1220 vermutet. In Memmingen war der welfische Einfluss stärker, doch die entscheidende Entwicklung zur Stadt vollzog sich unter den Staufern: 1216 und 1223 Nennung eines Ammanns, Einrichtung einer Münzstätte sowie Verleihung des Stadtsiegels. In Isny führt ein klösterliches Güterverzeichnis die 1171 gegründete Siedlung um 1200 bereits als »Stadt«, und Wangens Einwohner bezeichnete 1217 Kaiser Friedrich II. als Bürger.

Alle diese Städte fühlten sich durch die staufische Reichslandpolitik dem Reich zugehörig; und auch aus diesem Bewusstsein speiste sich ihr Bestreben, nach dem Untergang der Staufer als reichsunmittelbar anerkannt und nicht mediatisiert zu werden.

Der Adel im Allgäu bildete unter den Staufern kein Geschlecht aus, das über den Grafenrang hinausgekommen wäre. Die Markgrafen von Ursin-Ronsberg, die – zum Uradel zählend – zum ersten Mal 982 urkundlich nachweisbar sind, waren das einzige bedeutende einheimische Geschlecht. Seit

Heinrich von Kempten – Darstellung am Kemptne Rathaus.

ungefähr 980 auf ihrer Höhenburg in Irsee (an deren Stelle heute die Pfarrkirche St. Stephan steht) ansässig, stiegen sie unter dem Staufer Konrad III. (1093/94–1152) um 1147 zur Markgrafenwürde auf, ohne den Kontakt zum Welfen Heinrich dem Löwen abzubrechen. Noch um 1130 verlegte die Familie ihren Stammsitz nach Ronsberg, näher am Kloster Ottobeuren. 1182 erhob Kaiser Friedrich I. Barbarossa die Ronsberger zu Markgrafen. Als das Geschlecht 1212 unerwartet ausstarb, fielen Grafenrechte und Markgrafenwürde an die späteren Markgrafen von Burgau sowie die anderen Besitzungen schließlich an Graf Ulrich von Ulten (Südtirol).

Direkte Vasallen der Ronsberger waren die Ostallgäuer Kemnater, von denen Volkmar II. der Weise (1205–1283), nicht nur Kämmerer des Herzogtums Schwaben, sondern auch ab 1263 Erzieher und Ratgeber des letzten männlichen Staufers

HEINRICH VON KEMPTEN – EIN ALLGÄUER SAGENHELD

In der Wandmalerei an der Südfassade des Kemptner Rathauses steigt ein sehr heldenhafter, aber völlig nackter Mann aus einem Badezuber, wobei er in schicklicher Haltung sein Schwert zum Kampfe zieht.

Dieser nackte Held ist einer der wenigen Allgäuer Gestalten aus der mittelhochdeutschen Literatur, Konrad von Würzburg hat sie uns in seiner Verserzählung ***Heinrich von Kempten*** aus der späten Stauferzeit überliefert: Ritter Heinrich von Kempten besucht mit dem ihm anvertrauten schwäbischen Herzogssohn zu Ostern das kaiserliche Hoflager Ottos I. in Bamberg. Der junge Prinz nimmt von der gedeckten Tafel ein Stück Weißbrot, der kaiserliche Truchsess ahndet das mit Stockschlägen auf den prinzlichen Kopf, kurzerhand schlägt Ritter Heinrich dem Truchsess den Schädel ein und wird daraufhin vom Kaiser zum Tode verurteilt. Um diesem Urteil zu entgehen, setzt Heinrich entschlossen sein Messer an die kaiserliche Kehle und erreicht damit seinen freien Abzug ins Allgäu – jedoch darf er auf keinen Fall mehr an den Hof und in die Nähe des Kaisers kommen.

Beim nächsten Italienzug des Kaisers aber muss Ritter Heinrich seinem Lehenseid gemäß teilnehmen, doch hält er sich von Otto fern. Vor San Leone bei Urbino beginnt der Kaiser Verhandlungen mit seinen Gegnern und gerät unbewaffnet in einen Hinterhalt. Ritter Heinrich, der in der Nähe dieser Auseinandersetzung sein Zelt aufgeschlagen hat, vor dem er gerade im Badezuber sitzt, springt aus dem Wasser, erschlägt nackt mit Schild und Schwert etliche der italienischen Delegation und rettet den Kaiser. Danach verschwindet er, doch der Kaiser macht ihn ausfindig und versöhnt sich mit ihm.

Der Epilog legt allen Rittern das entschlossene Handeln Heinrichs von Kempten ans Herz.

Durch die Jahrhunderte war diese Erzählung in Kempten und im Allgäu sehr populär und erfuhr besonders im 19. Jh. erneut besondere Aufmerksamkeit.

Konradin war. Letzten Endes ging Burg Kemnat und der Besitz an das Fürststift Kempten (1551).

Ein ähnlich bedeutendes Adelsgeschlecht, das ursprünglich aus der welfischen Gefolgschaft stammte, sich dann aber den Staufern anschloss, waren die Herren von Rettenberg im Oberallgäu, von denen auch die Trauchburger stammten. Mit Heinrich von Rettenberg starb um 1350 das Geschlecht aus, bald nach seinem Tode kam seine Herrschaft in den Besitz des Hochstifts Augsburg.

Die neben den Allgäuer Reichsstädten einzig namhafte weltliche Herrschaft war die Grafschaft Königsegg-Rothenfels, deren Stammburg Rothenfels nordwestlich von Immenstadt erbaut wurde. Kaiser Friedrich II. (1194–1250) hatte 1243 von Graf Hermann I. von Grüningen Teile der Albgaugrafschaft zusammen mit Eglofs gekauft und behielt die Herrschaft in direktem staufischen Besitz. Nach 1268 kam sie an die Grafen von Montfort, im 16. Jh. dann an die Königsegg, bis sie 1806 bayerisch wurde.

Einen besonderen Weg nahm ganz im Südosten des heutigen Landkreises Ostallgäu das Territorium der unter den Staufern zur Reichministerialität aufgestiegenen Schwangauer. Schon 1090 wurde das castrum Swangowe urkundlich erwähnt, damit war die doppelte Burg von Vorder- und Hinterschwangau gemeint – auf jenem Felsen, auf dem das heutige Neuschwanstein steht. Schließlich wurden die Wittelsbacher im 16. und 17. Jh. die neuen Herren von Schwangau.

Städte und Klöster

Neben den schon damals altehrwürdigen Benediktinerklöstern Ottobeuren, Kempten und St. Mang-Füssen entstanden im Allgäu im Hochmittelalter nur noch zwei Klöster dieser Art: die Benediktinerabtei St. Georg in Isny 1096, gestiftet von den Grafen Althausen-Veringen, und das Benediktinerkloster St. Maria zu Irsee, das auf die Ursin-Ronsberger zurückgeht (1182).

In der staufischen Zeit wurden nun die Städte zum Ort neuer Klostergründungen, besonders in Memmingen bauten neue

Antonierhaus in Memmingen.

Orden ihre Niederlassungen auf. Schon Welf VI. hatte um 1170 nach der Rückkehr vom Kreuzzug außerhalb der Stadt ein Schottenkloster geschaffen, das dem hl. Nikolaus geweiht war und mit Mönchen vom Regensburger Schottenkloster besiedelt wurde. 1498 wurde es in das Memminger Augustinerkloster inkorporiert. Wohl in der ersten Hälfte des 13. Jhs. ließen sich Augustiner Eremiten in Memmingen nieder. Entgegen ihrem Namen suchten sie nicht die Einsamkeit, sondern versuchten in den Städten zu wirken, nicht selten in der Kranken- und Armenpflege. Ebenfalls der Krankenpflege fühlten sich die Antoniter verpflichtet, deren in Memmingen gegründetem Kloster 1214 von Kaiser Friedrich II. die Patronatsrechte der Pfarrkirche St. Martin übertragen wurde. In der Reformationszeit geriet das Kloster unter städtische Verwaltung. Die heute noch bestehende Vierflügelanlage des Klosters wird museal genutzt.

Von legendenhaft-karolingischer Herkunft soll das heutige Crescentia-Kloster in Kaufbeuren sein. Tatsächlich wurde es erst 1261 als eine der Schwestern vom Maierhof *(sorores in curia villicali)* benannte Gemeinschaft schriftlich erwähnt, die um 1315 die Franziskanerregel annahm. Auch dieses Kloster lag und liegt mitten in der Stadt.

Die Entwicklung und Expansion der Allgäuer Städte erforderten im sozialen Bereich eine besondere Betreuung der Kranken und Armen. Außerdem waren durch die Kreuzzüge Krankheiten wie die Lepra nach Europa eingeschleppt worden, die sich im engen städtischen Zusammenleben verheerend auswirken konnten. All das führte zu Gründungen von Institutionen, in und mit denen das Gebot der christlichen Nächstenliebe verwirklicht werden konnte. Bei den Klöstern forderten die jeweiligen Klosterregeln die Betreuung von Alten, Kranken, sozial Schwachen, aber auch von durchreisenden Fremden und Pilgern. Aus dieser Tradition entwickelten sich die verschiedenen Aufgaben der mittelalterlichen Hospitäler: Sie waren nach heutigen Begriffen Alten- und Pflegeheime, Krankenhäuser, Sozialstationen und Waisenhäuser in einem. Nach allgemeiner Auffassung waren Stiftung und Unterstützung von Hospitälern Christenpflicht, deren Erfüllung sich auch günstig auf den befürchteten Aufenthalt im Fegefeuer auswirken konnte.

In Kempten verfügte das Kloster seit 930 über ein Spital, in dem nicht nur die Mönche und Angehörige des Stifts versorgt wurden, sondern auch bedürftige Einwohner der weltlichen Siedlung. Ähnlich wurde es auch in Füssen (Kloster St. Mang) und Isny (Kloster St. Georg) gehalten. In den größeren weltlichen Städten Memmingen und Kaufbeuren kam es durch vermögende Bürger zu Hospitalgründungen. In Memmingen wurde vermutlich um 1210 vom staufischen Reichslandvogt Graf Heinrich von Neuffen-Weissenhorn und seiner Frau Hedwig das Hospital gegründet: Ursprünglich vor dem Kalchtor errichtet, wurde es nach dem Brand von 1223 nach und nach in die neue staufische Stadtbefestigung mitaufgenommen. Für den alltäglichen Betrieb war der Hospitalorden der Chorherren vom Heiligen Geist zuständig, ein Armen- und Krankenpflegeorden, der der Kongregation der Augustiner-Chorherren angehörte. Wegen des aufgenähten weißen Lothringerkreuzes auf ihrem schwarzen Gewand wurden sie vom Volk auch Kreuzherren genannt; ihnen oblag u. a. die Sorge um (unverheiratete) Schwangere und Findelkinder. Für weibliche Kranke und Bedürftige wurde in Memmingen das 1252 zum ersten Mal urkundlich erwähnte Augustiner-Eremitinnen-

Kloster der hl. Elisabeth gegründet; die Klosterfrauen nannte man ihrer schwarzen Tracht nach die »Schwarzen Schwestern«. 1551 erlosch das Kloster.

Ebenfalls eine weltliche, wenngleich bürgerliche Stiftung war das Hospital zum Heiligen Geist in Kaufbeuren, das 1249 vom vermögenden Kaufmann Albrecht Schleher und einem weiteren Bürger namens Heinrich, Sohn der Engla, gegründet wurde. Auch hier wurde das Spital zunächst von Ordensbrüdern der Augustiner-Chorherren verwaltet und betreut. Allerdings ist davon nach 1287 nicht mehr die Rede, jetzt war es der Kaufbeurer Stadtammann, der als weltlicher Vogt die Interessen des Hospitals wahrnahm. Nach der Stadtmauererweiterung im 15. Jh. lag das Hospitalgebäude dann nicht mehr außerhalb der Stadt. Im Gegensatz dazu war das Sondersiechenhaus der St. Dominikus-Stiftung, von Dominikanern in der zweiten Hälfte des 13. Jhs. gegründet und auf dem damaligen östlichen Wertachufer gegenüber der Stadt Kaufbeuren erbaut, niemals innerhalb der Stadtmauern; seine Aufgabe – die Betreuung von Leprosen und von anderen, ansteckenden Krankheiten Heimgesuchten – verbot das. Die ursprüngliche Dominikanerstiftung ging dann im 14. Jh. in städtische Obhut über.

1250 starb Kaiser Friedrich II., sein Nachfolger und Sohn regierte als König Konrad IV. im Reich. Der Konflikt zwischen der staufischen Reichspartei und der welfischen (guelfischen) Papstpartei brach ab 1245 wieder auf: Im Allgäu galten das Stift Kempten, das Kloster Ottobeuren, die Städte Kempten, Kaufbeuren und Memmingen als staufisch, Isny und Füssen jedoch den Guelfen zugehörig. 1254 ereilte Konrad IV. in Unteritalien der Malaria-Tod; sein Sohn Konradin (1252–1268), der letzte thronfähige Staufer, zählte damals zwei Lebensjahre. Er wuchs bei seinem Onkel Herzog Ludwig II. dem Strengen von Bayern auf, später dann unter der Obhut seines Vormunds Bischof Eberhard II. von Konstanz u. a. in der Burg Meersburg, wenn er sich nicht auf den wittelsbachischen Burgen seiner Mutter aufhielt. Beraten von Volkmar II. von Kemnat, vermochte Konradin seine Anerkennung als schwäbischer Herzog durchzusetzen. Als die Wahl Konradins zum römisch-deutschen König durch den päpstlichen Widerstand

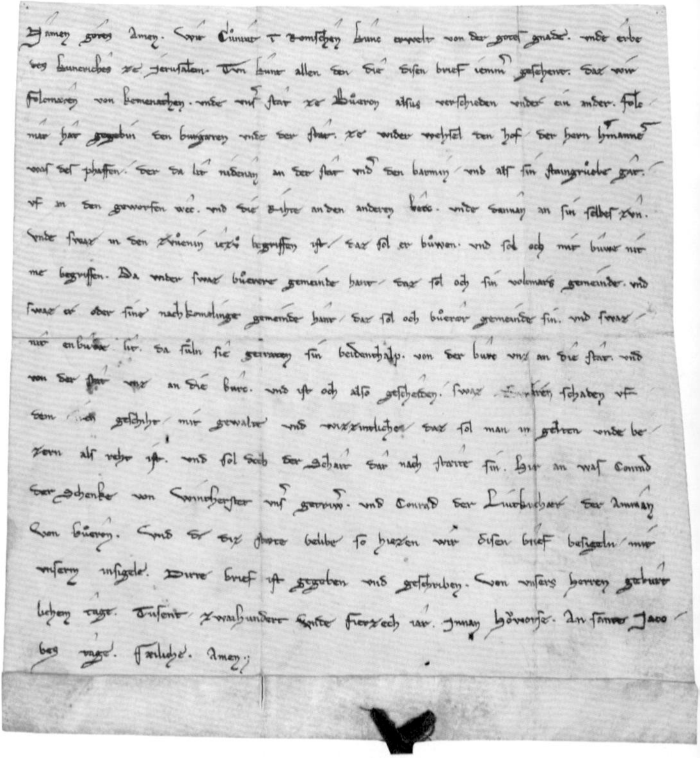

»vnser stat zu buron« – Nennung Kaufbeurens in der ältesten deutschsprachigen Königsurkunde vom 25. Juli 1240.

unmöglich wurde, wandten sich der junge Staufer und seine Partei der Wiedererlangung seines italienischen Erbes zu. 1267 brach er vom Bodensee aus nach Italien auf; im Winter 1267/68 verpfändete er – um das Gesamtunternehmen nicht zu gefährden – sein Herzogtum Schwaben an seinen Onkel, Herzog Ludwig von Bayern (Konradinisches Erbe), unterlag dann aber Karl I. Anjou, der ihn am 29. Oktober 1268 in Neapel öffentlich enthaupten ließ.

Damit war das staufische Kaisertum endgültig untergegangen, ebenso wie das Herzogtum Schwaben, um das jetzt heftige Besitzkämpfe entbrannten, die sich auch im Allgäu bemerkbar machten.

Das Spätmittelalter: Vom Interregnum zur Reformation

Die territorialen Arrondierungen

Die unübersehbare Schwäche der königlichen Zentralgewalt während des Interregnums drängte die nächstuntere Schicht der grundbesitzenden Stände zu Arrondierung und Sicherung ihres Besitzes, wenn nicht sogar zur Expansion. So machte Herzog Ludwig II. von Bayern (1229–1294) mit seinem Bruder Heinrich seine Ansprüche auf das Konradinische Erbe geltend: die Vogtei über das Hochstift Augsburg und – für das Allgäu bedeutsam – die bisher mit Schongau verbundene Vogtei über Füssen. Beide Ansprüche konnte Bischof Hartmann von Augsburg abwehren und in Folge bis 1322 Kloster und Stadt Füssen unter die hochstiftische Herrschaft bringen. Auch die Pflege Nesselwang mit den Schwabegger Hausgütern sicherte sich das Bistum ab 1310. In der Pflege (Markt)Oberdorf gelang dem Hochstift die herrschaftliche Abrundung aufgrund der Wildbannverleihung von 1059. Dessen Sonderrolle in der hochstiftischen Verwaltung wurde durch die Verleihung des Marktregals und des Hochgerichts von Kaiser Friedrich III. (1415–1493) 1453 gefestigt. Das aus welfischem Besitz stammende Buchloe erwarb das Hochstift Augsburg vom Tiroler Kloster Stams 1311 und konnte damit die Verbindung nach Norden mit dem hochstiftischen Gebiet um Schwabmünchen herstellen. Ebenfalls zum alten Wildbannbezirk gehörig war die Herrschaft der Rettenberger, die nach deren Aussterben 1350 bis 1564 in den Besitz des Hochstifts gelangte. Damit war für das Bistum Augsburg im Oberallgäu ein geschlossenes Herrschaftsgebiet östlich der Iller entstanden, das vom Pflegamt Sonthofen aus verwaltet wurde. Am Ende dieser Entwicklung regierte das Hochstift Augsburg im Ostallgäu über ein geschlossenes Territorium: von Buchloe bis nach Füssen und dann südwestlich anschließend im Oberallgäu von Nesselwang bis in das Quellgebiet von Trettach und Stillach.

Das Fürststift Kempten baute bis 1500 ebenfalls sein Gebiet aus und rundete es ab. Noch unter den Staufern war es dem Kloster gelungen, die Grafschaftsrechte der ausgestorbenen Ursin-Ronsberger an sich zu bringen, ebenso die Vogtei über das Kloster Kempten. Durch den »Allgäuer Brauch« gestaltete sich Grunderwerb und die Einreihung der neuen Untertanen in die klösterliche Leibeigenschaft jedoch als schwierig. Erst 1757 wurde zwischen dem Hochstift Augsburg und dem Fürststift Kempten die Wertach als Territorialgrenze in Hochgerichts- und Forsthoheitsangelegenheiten vertraglich festgelegt – aber schon lange vorher hatte das Fürststift sein Gebiet zwischen Wertach und Iller in die Pflegämter Kemnat b. Kaufbeuren, Unterthingau und Liebenthann-Obergünzburg im Nordosten gegliedert; Pflegamtssitz war seit 1688 Obergünzburg. Die Herrschaft Kemnat kam erst 1551 in stiftischen Besitz. Westlich der Iller wurde der stiftkemptische Besitz im südlichen Teil von der Landvogtei diesseits der Iller, im nördlichen Teil von der Pflege Hohenthann verwaltet. Ihr schlossen sich dann jenseits der Iller die Pflegen Grönenbach und Falken an.

Das Kloster Irsee tat sich schwer, in Konkurrenz mit dem Stift Kempten, dem Hochstift Augsburg und der Reichsstadt Kaufbeuren ein eigenes Territorium auszubilden. Zu seinem von den Ronsbergern gestifteten Ursprungsbesitz (Eiberger Wald, Burg und Pfarrei Irsee, Haslach, Wielen und Romatsried) kamen später noch die Pfarreien Pforzen und Rieden dazu. Als die Vogtei über das Kloster Irsee mit dem Verkauf der Herrschaft Kemnat 1551 an das Stift Kempten in die Hand dieses Klosters geriet, war die territoriale Arrondierung Irsees bis dahin knapp abgeschlossen: Zum Irseer Land zählten neben den schon angefügten Orten noch Bickenried, Oggenried, Eggenthal, Ingenried, Ketterschwang, Lauchdorf, Baisweil, Mauerstetten, Hausen, Schlingen und Frankenhofen. Das als Reichsstadt 1286 von Rudolf I. (1218–1291) bestätigte Kaufbeuren konnte den alten Anspruch auf das Territorium des *officium Buron* aus der Stauferzeit nicht aufrechterhalten. Der größte Teil

DER ALLGÄUER BRAUCH

Das Fürststift Kempten baute bis 1500 sein Gebiet aus und rundete es ab. Durch den »Allgäuer Brauch« gestaltete sich Grunderwerb und die Einreihung der neuen Untertanen in die klösterliche Leibeigenschaft aber als schwierig. Der Allgäuer Brauch besagte, dass jeder Untertan »mochte er hinziehen wo er wollte, seinen hohen und niederen Gerichtszwang auf dem Buckel mit sich trug« (F.L. Baumann). Wenn z. B. ein Bauer aus Oberstdorf, das dem Hochstift Augsburg unterstand, einen Hof in der Gegend von Niedersonthofen auf fürststift-kemptischen Gebiet erwarb oder erheiratete und dann dort auch noch lebte, so war er mitnichten neuer Untertan des Fürstabts, sondern blieb seinem alten Herrn nach wie vor gerichtsuntertänig, kriegsdienstpflichtig und musste ihm auch weiterhin die Abgaben entrichten, was seinen neuen Herrn natürlich verdross. Da auf diese Weise das Entstehen einer einheitlichen, auf gleichen Rechten und Pflichten beruhenden Landesherrschaft erschwert, wenn nicht unmöglich gemacht wurde, versuchte das Fürststift zunächst durch Heirats- und Auswanderungsverbote die Grundholden im Land zu halten, hatte damit allerdings nur wenig Erfolg. Verbunden war damit im Fürststift Kempten auch noch der Versuch, Freie und Freizinser dadurch auf das Niveau von Leibeigenen herabzudrücken, was natürlich auf erbitterten Widerstand unter den Bauern stieß. Die Folgen dieser konfliktreichen Bemühungen wurden dann im Bauernkrieg sichtbar.

des reichsstädtischen Grunderwerbs war im 16. Jh. abgeschlossen. Hauptsächlich umfasste nun das Herrschaftsgebiet im Nordosten der Stadt Ober- und Untergermaringen, Dösingen, Westendorf, Oberostendorf, Weinhausen und Eurishofen, im Westen Oberbeuren und Märzisried; Thalhofen a.d. Gennach und Stöttwang zählten über das Hl.-Geist-Spital Kaufbeurens zum städtischen Gebiet.

Zum späteren Landkreis Unterallgäu gehörten die Territorien des Reichsstifts Ottobeuren, das Gebiet der Reichsstadt Memmingen, die nördlichen fürststiftisch-kemptischen Besitzungen, aber auch die bayerisch-wittelsbachischen Länder

der Herrschaft Schwabegg mit Türkheim und Ettringen. Das größte geschlossene Territorium war die Herrschaft des Klosters Ottobeuren, die bereits vor 1250 so ziemlich arrondiert war. Das Gebiet der Reichsstadt Memmingen wuchs erst im Spätmittelalter durch die Zustiftungen und die Erwerbspolitik des Hl.-Geist-Spitals und des Elsbethenklosters. Zwar sind die Besitz-, Herrschafts- und Jurisdiktionsverhältnisse im Einzelnen mehr als kompliziert, doch können besonders nach dem Teilungsvertrag von 1365, der den Klostermönchen die Seelsorge, dem städtischen Spitalmeister aber die weltliche Spitalverwaltung zuwies, die Dörfer Hart, Volkratshofen, Priemen, Hitzenhofen, Holzgünz, Steinheim, Memmingerberg, Buxach und Dickenreishausen, Frickenhausen, Arlesried und Dankelsried zur Memminger Reichsstadtherrschaft gezählt werden. Auch wenn es kein geschlossenes Gebiet war, war der Einfluss der Stadt im Gegensatz zu Kaufbeuren sehr groß. Gegenüber den Gebieten dieser Reichsstädte hatte die Reichsstadt Kempten kein eigenes Territorium, lediglich Streubesitz; bemerkenswert waren allenfalls noch die stadtkemptische Lehenshoheit über Albweiden in der Grafschaft Königsegg-Rothenfels und im hochstiftisch-augsburgischen Gebiet (Pfarrei Sonthofen).

Zu Beginn der Neuzeit kann die einzelne Territorialentwicklung im Allgäu als abgeschlossen gelten.

Der Aufstieg der Städte

Bereits in staufischer Zeit begann der Aufstieg der Städte, wobei besonders Friedrich I. Barbarossa (1122–1190) seine Erfahrungen aus den Auseinandersetzungen mit den weiterentwickelten lombardischen Städten umsetzte. Gefördert durch das staufische Wohlwollen stieg das bürgerliche Selbstbewusstsein, das sich auch im privilegierten Rechtsbezirk der Stadt gegenüber den Landterritorien niederschlug. Für die in der Regel leibeigenen Untertanen auf dem Land war das Leben in der Stadt, das bis zu einem gewissen Maß sogar sozialen Aufstieg möglich machte, höchst erstrebenswert:

Älteste Ansicht der Stadt Memmingen von 1573.

Stadtluft macht frei! Auch wenn es in den Städten in Wirklichkeit gottserbärmlich stank …

Rudolf II. erkannte sehr wohl, dass seine Herrschaft auf die Finanzkraft und die daraus resultierende militärische Kraft der Städte angewiesen war. Die aus der staufischen Reichslandpolitik erwachsenen allgäuischen Reichsstädte Memmingen, Kaufbeuren, Kempten, Leutkirch, Isny und Wangen waren eng mit den übrigen oberschwäbischen Reichsstädten vernetzt, es entstanden unter Rudolf II. richtiggehende Stadtrechtsfamilien: So erhielt Memmingen 1286 seinen Status als freie Reichsstadt bestätigt und wurde 1288 mit dem Überlinger Stadtrecht begabt, zu dem dann 1296 noch das Ulmer Stadtrecht trat. Für die Städte Mindelheim und Wurzach galt es fürderhin als Oberhof, da beide Städte mit Memminger Stadtrecht ausgestattet wurden. Mindelheim erhielt zudem das Kaufbeurer Stadtrecht, und Kaufbeuren, selbst mit dem Überlinger Stadtrecht versehen, gab sein Stadtrecht an Vils i. Tirol weiter.

Gleichzeitig bauten im 14. und 15. Jh. die Allgäuer Städte ihre eher unabhängigen Stellungen unter Duldung und Förderung der Nachfolger Rudolfs II. weiter aus: Satzungsrecht, Finanzhoheit und militärische Gewalt unterstellten sich die Städte, sicherten ihre Bürger vor dem Zugriff fremder Gerichtsbarkeit und schützten besonders deren Grunderwerb innerhalb der Stadt. Wer in den Städten das Bürgerrecht besaß, erfreute sich in der Regel der persönlichen Freiheit, wovon alle ländlichen Leibeigenen und Hörigen nur träumen konnten!

Im Stadtregiment trat nun nach und nach der Bürgermeister an die Stelle des vom König oder vom Landvogt noch eingesetzten Ammanns, der auf das oberste Richteramt in der Stadt beschränkt wurde. Im 14. Jh. setzten die Allgäuer Städte – wie übrigens viele andere Reichsstädte in Schwaben! – das Recht der eigenen Ammannswahl durch, der Form halber erhielt der oberste Stadtrichter seine Richtbefugnis noch vom Landvogt. Mit der Verleihung des Blutbanns an die Städte wurde auch die formale vogtische Rechtsleihe an den Stadtammann beendet. Ebenso errangen sich die Städte in jenen zwei Jahrhunderten das Recht, gegenseitig Bündnisse zu schließen, eine Konzession Kaiser Ludwigs IV. des Bayern von 1331. Auch um das Recht, ihre innere Verwaltung und ihre Stadtverfassung selbst bestimmen zu können, bemühten und kämpften die Allgäuer Reichsstädte erfolgreich: Die alten und eingesessenen Geschlechter der Stadt, in der Regel wohlhabend und wirtschaftlich einflussreich, fanden sich im Rat der Stadt wieder, der dann auch von Jahr zu Jahr den Bürgermeister wählte, ein Amt der höchsten Exekutive nach innen sowie der diplomatischen und repräsentativen Vertretung der Stadt nach außen. Das Bürgermeisteramt wurde nicht selten von zwei Persönlichkeiten ausgeübt, die sich auch gegenseitig kontrollieren konnten. Diese innerstädtische Machtverteilung wurde den neuen wirtschaftlichen Verhältnissen jedoch nicht mehr gerecht, da im 14. und 15. Jh. in den Allgäuer Städten besonders die Handwerke wie überall in Schwaben einen besonderen Aufschwung nahmen. Die Auseinandersetzungen mit den alten Patriziergeschlechtern um die Macht in der Stadt spielten sich in Memmingen (1347), Kaufbeuren (um 1350), Kempten (1378), Isny und Wangen (beide 1381) nicht konfliktfrei ab: Die Zunftverfassung wurde eingeführt. Alle Einwohner und Bürger der Stadt mussten sich in Zünften organisieren, artverwandte Handwerke konnten sich zusammenschließen. Die früheren Patrizier und reichen Handelsgeschlechter fanden sich in der Regel in der Herren- oder Großzunft zusammen, ohne ihren bestimmenden Einfluss auf die Stadtpolitik aufzugeben.

ZUNFTVERFASSUNG DER STADT MEMMINGEN

Ein Blick auf die Zunftverfassung der Stadt Memmingen ist durchaus beispielhaft für das gesamte Allgäu: Es hatten sich einschließlich der Großzunft zwölf gleichberechtigte Handwerkerzünfte gebildet, an deren Spitze der gewählte Zunftmeister stand. Ihm waren aus seiner Zunft noch elf Zunfträte (Eilfer) zugeordnet, mit denen er Zunftangelegenheiten regelte. Der Stadtrat (kleiner Rat) umfasste die zwölf Zunftmeister, den gewählten Bürgermeister und den Stadtschreiber und zwölf Ratgeber, also 26 Personen, ausschließlich Männer. Je nach Bedeutung der Angelegenheit erweiterte sich der Kleine Rat durch Hinzutreten von je zwei Zunftmitgliedern (Zwener) zum Großen Rat, der nun 50 Personen zählte – wiederum ausschließlich Männer. War die Angelegenheit auch dem Großen Rat in ihrem Gewicht zu gewichtig, so wurde aus dem Kleinen Rat (26) mit allen Eilfer der Zünfte die Gemeind gebildet, insgesamt 158 Personen – alles Männer – zählend. Die gesamten Eilfer wählten nun alljährlich auf Vorschlag der Zunftmeister, die dazu zwei Männer auswählen mussten, den Bürgermeister; danach aus ihren Zünften je einen Ratgeber für den Kleinen Rat. Das geschah meistens in der zweiten Aprilhälfte oder zum 1. Mai; am darauffolgenden Sonntag war dann Schwörtag, an dem der neue Bürgermeister und die neuen Räte der Bevölkerung vorgestellt und auf die Stadtverfassung eingeschworen wurden. Die Gemeind, die gesamte Stadtbevölkerung repräsentierend, leistete ihnen als neuer Obrigkeit dann den Treue- und Gehorsamseid.

Mit diesen Zunftverfassungen gelangten die Zünfte in den Rang von Stadtverfassungsorganen. Im gesellschaftlichen und sozialen Leben der Allgäuer Städte spielten sie in dieser Zeit eine wichtige Rolle. Die Zünfte boten bei sozialen Schieflagen oder Verwerfungen ihren Mitgliedern eine gewisse Hilfe, sie kümmerten sich um Witwen und Waisen, aber auch um andere soziale Einrichtungen wie Spitäler oder Schulen. Bald entwickelte sich in den Städten der Zunftzwang, der Einwohner und Bürger der Städte organisierte. Doch bleibt es eine Tatsache, dass das Aufblühen und der wirtschaftliche Aufstieg der Allgäuer Städte ohne die Zunftverfassungen wohl nicht stattgefunden hätten.

Die Grundherrschaft

Basierte die Macht der Städte auf ihrer vom König ausgewählten und geschützten Rechtsstellung sowie ihrer wirtschaftlichen Potenz, so waren die großen geistlichen Reichsstände des Allgäus auf die Wirtschaftskraft der Landwirtschaft angewiesen. Es ist hier leider nicht der Platz, auf die sehr komplexe Materie von Landes- und Grundherrschaft, Grundleihe und Leibeigenschaft – um hier nur die Hauptproblemfelder zu benennen – tiefgreifend einzugehen, doch soll im Folgenden der innere Aufbau der Allgäuer Gesellschaft am Beispiel des Fürststifts Kempten zumindest skizzenhaft dargestellt werden.

Ursprünglich hatte das Kloster seinen Grundbesitz vom König erhalten, um daraus das klösterliche Leben finanzieren zu können. Dazu wurden Grund und Boden von Bauern bewirtschaftet, die mit ihrer Arbeit nicht nur sich selbst und ihre Familien (damals zählte auch das Gesinde dazu) zu erhalten hatten, sondern mit ihren festgelegten Abgaben auch zum Unterhalt ihrer Grundherrschaft beizutragen hatten. Im Gegenzug konnten die Bauern darauf hoffen, bei äußerer Gefahr oder bei Naturkatastrophen vom Grundherrn geschützt und unterstützt zu werden. Außerdem konnten sie ihre Kriegspflicht gegenüber ihrer Herrschaft in Abgaben umwandeln. Allerdings wurden die Bauern bei diesen Verhältnissen stark vom grundbesitzenden Kloster abhängig, sie gerieten in die Leibeigenschaft. Das bedeutete eine massive Einschränkung der heute sehr hochgeschätzten persönlichen Freizügigkeit; die Bauern waren damit an den Hof gebunden, Berufs- und Partnerwahl bedurften grundherrlicher Erlaubnis.

Im Spätmittelalter wurde dann auch die Grundleihe zusammen mit der Homogenisierung der Untertanenschaft vereinheitlicht. Zwar lehnte man sich in den Formen noch an die alten Lehensvergaben an, doch war es im Endeffekt nur noch ein dem alten feudalen Personalverhältnis entzogenes Rechtsgeschäft: Der Grundherr, oft genug mit dem Landesherrn identisch, vergab im Rahmen der Grundleihe das zu bewirtschaftende Gut (Hof, Sölde) an den Leihnehmer (Bauer, Söldner), der es nun für sich und den Grundherren zu bearbeiten hatte.

Die auf einem Hof liegenden Abgaben können hier summarisch dargestellt werden: Im Spätmittelalter bildete sich im Allgäu ein äußerst komplexes Abgabewesen aus, das von Hof zu Hof, von Sölde zu Sölde, von Grundherrn zu Grundherrn völlig unterschiedlich sein konnte. Bei der Hofübergabe musste der Bauer dem Grundherrn den Erschatz leisten, eine nach Herkommen und Hofgröße bestimmte Summe, zu der noch das Kanzleigeld der Lehensbriefausfertigung kam; die jährliche Abgabe in Zins (Bargeld) oder Gilt (Naturalabgabe) an den Grundherren war in der Regel durch Herkommen festgelegt und nicht saisonal vom Ertrag abhängig. Ein Beispiel: Der Sedelhof in Apfeltrang führte 1442 als Zins 5 Säcke Vesen, 5 Säcke Hafer, 3 fl. Heugeld, 100 Eier und vier Hühner ab. Neben weiteren anderen Belastungen wie das Besthaupt (bestes Stück Vieh im Stall) beim Tod des Bauern (Mannfall) oder dem Inschläf (bestes Gewand) der Bäuerin bei deren Tod; beim Tod des Grundherren wurden ebenfalls Abgaben fällig, da nach Ansicht der Grundherrschaft eine Neuvergabe des Hofes notwendig wurde. Auch bei Wegzug des Bauern (Abstiftung) hatte der Grundherr Anspruch auf ein Abzugsgeld (Weglöse, Handlöse). Daneben lag auf den Höfen die Zehntpflicht für die Pfarrei und andere regional sehr unterschiedliche Belastungen. Hinzu kamen noch die Hand-, Spann- und Botendienste der Bauern im Rahmen der Fronden, die in der grundherrlichen Waldbewirtschaftung, beim Straßen- und Wegebau, aber auch bei den großen Bauvorhaben der Klöster eingesetzt wurden.

Jüngste Untersuchungen aus dem Irseer Klosterland ergeben eine Hofbelastung von teilweise 70 % des jährlich erwirtschafteten Einkommens, das an den Grundherren abgegeben werden musste. Beobachtungen bei den Klöstern Irsee und Kempten lassen durchaus den Rückschluss zu, dass die geistlichen Grundherren sehr unnachsichtig auf der Erfüllung der Abgabepflicht bestanden.

Jagd und Nutzung der Wälder standen uneingeschränkt den Grundherren zu, die Untertanen und Grundholden hatten darin nichts verloren. Sofern es nicht Gemeindewälder gab, waren die Bauern für den Bezug von Bau-, Brenn- und Nutzholz auf die Gnade des Grundherrn angewiesen. Für die Wälder des Klosters Irsee herrschte noch um 1790 für die Bauern ein absolutes ganzjähriges Betretungsverbot, von dem lediglich für einige Wochen im Frühsommer eine Ausnahme gemacht wurde. Die Bauern durften auch Wild, das ihre Saaten schädigte, nicht schießen, sondern nur vertreiben. Den Abschuss mussten grundherrliche Jäger erledigen, bei den Bauern galt ein gleiches als Wilderei und wurde bestraft.

War der Bauer als Untertan vielen Einschränkungen unterworfen, so hatte er innerhalb der Hofgemarkung über Familie und Gesinde ein weitgehendes Verfügungsrecht, seinen Anweisungen musste Folge geleistet werden. Gegen Ende des 15. Jhs. sind die ersten Bauding- und Dorfordnungen bekannt (Roßhaupten, Waltenhofen, Oberstdorf, Aitrang-Geisenried), die das bäuerliche Leben ordneten.

Gemäß der von Karl dem Großen eingeführten Dreifelderwirtschaft wurden im Allgäu bis ins 19. Jh. hinein in diesem Bebauungsrhythmus in Befolgung des dörflichen Flurzwangs bestellt. Hauptsächlich wurden Roggen, Dinkel (Vesen), Gerste und Hafer angebaut, wobei der Roggenanbau mit dem Einsetzen der kleinen Eiszeit (1450–1850) nach Norden auf die Linie Ketterschwang – Lauchdorf – Markt Rettenbach – Ottobeuren zurückwich. Für die im Winter lebensnotwendige Vitamin-C-Versorgung kultivierte man Krautgärten (Krautlusse) und verarbeitete das im Herbst geerntete Weißkraut zu Sauerkraut. Wie die Abgabelisten des Klosters Irsee belegen, wurden auch noch Erbsen angebaut, hin und wieder auch gelbe Rüben. Obstkultivierungen waren auf den Dörfern eher unbekannt, ausgenommen Holzäpfel, Holzbirnen oder Hollerbeeren. Lediglich in den Klostergärten gedieh unter sorgfältiger mönchischer Pflege Obst für die monastische Tafel. Viehzucht wurde zum Eigenbedarf und zur gelegentlichen Milchgewinnung betrieben, die Anzahl von Vieh war von der Hofgröße abhängig und es galt allenthalben die Faustregel, nur so viel Vieh zu halten, wie in der Eigenversorgung überwintert werden konnte. Über die Alp- oder Almwirtschaft im Allgäu aus dieser Zeit ist nur wenig bekannt; es gab Alpgenossenschaften: So kaufte Hans von Lauben 1482 für 109 Pfd. Pfennig von zwei Oberstdorfern ein Drittel an der Alpe Einatsberg, auf der dann im Ganzen 50 Rinder und vier Pferde weiden konnten.

Im Zuge der im Spätmittelalter auch im Allgäu aufkommenden und sich rasch ausdehnenden Textilerzeugung erfuhr der Flachsanbau eine gewisse Verbreitung.

Diese Wirtschafts- und Gesellschaftsform, die wohl für das ganze Allgäu galt, entstand und formte sich vornehmlich im 14. und 15. Jh. aus. Auch große gesellschaftliche und politische Erschütterungen wie Bauernkrieg, Reformation oder Dreißigjähriger Krieg konnten sie nicht verändern, erst die ganz großen Umbrüche um 1800 brachten neue Verhältnisse.

Das Wirtschaftsleben

Die Grundherrschaft des bäuerlichen Lebens war besonders in den geistlichen Fürstentümern von einem außerordentlichen Beharrungsvermögen auf Traditionen geprägt. Nur in den Allgäuer Städten fand eine wirtschaftliche Entwicklung statt, die wiederum die sozialen Strukturen umgestaltete.

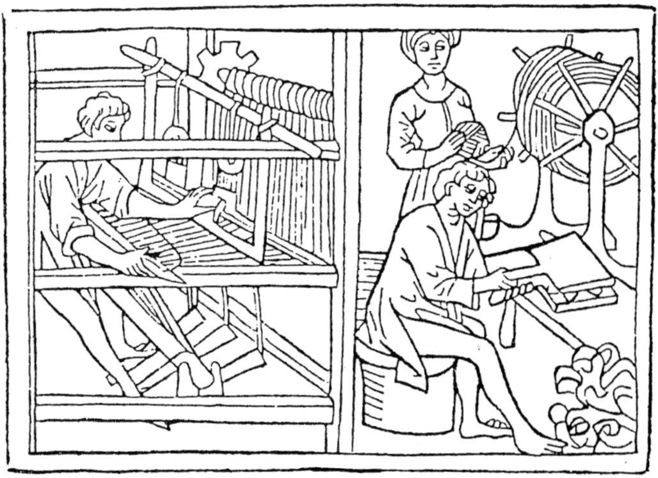

Barchentweber, Augsburg um 1477.

Besonders wichtig wurde die Textilherstellung, die in ihrer Entstehung von der Verschonung des Allgäus von der ersten Pestwelle 1349/50 – lediglich von Memmingen und Isny wird das Auftreten der Seuche überliefert – profitierte. Mit der Einführung von Baumwolle aus dem östlichen Mittelmeerraum über die oberitalienischen Städte kam auch die Technik der Barchent-Herstellung ins Allgäu. Das sehr beliebte Gewebe bestand aus Leinen und Baumwolle, und seine Herstellung wurde von einer rührigen Kaufmannschaft gefördert. Besonders im Ostallgäu entstand jene Handels- und Vertriebsorganisation, die im Großen und Ganzen bis ins 19. Jh. Bestand hatte: Kaufleute erwarben in den großen norditalienischen Hafenstädten Venedig oder Genua Baumwolle, brachten sie mit einem durchorganisierten Rottfuhrwesen über die Alpen (Via Claudia) und ließen sie von den städtischen Webern mit dem heimisch erzeugten Leinengarn zum Barchent verarbeiten, der wiederum nach entsprechender Qualitätskontrolle (Leinwandschau) in den Erzeugerstädten über Augsburg, Frankfurt a. M. und Köln nach Nordwesteuropa vertrieben wurde. Zentren dieser Textilherstellung waren Kaufbeuren, Memmingen, Kempten und Isny. Da die Weberarbeit nicht unbedingt großes Geschick oder Körperkraft erforderte, in den Städten und auch auf dem Land die für das Weben notwendigen feuchten und kühlen Keller zur Genüge vorhanden waren, und der blaublumige Flachsanbau durch das damalige Allgäuer Klima und die Moränenböden begünstigt war, so war auch immer genügend Leinengarn zur Verfügung. Reines Leinen wurde bereits im 13. Jh. auf den Messen in Südtirol, aber auch in Oberitalien vertrieben.

Für die Landbevölkerung bedeutete die Weberei einen willkommenen Zuverdienst, um sich bei wirtschaftlich schlechten Zeiten über Wasser halten zu können. Besonders die Bauern, die auf den kleinen Sölden saßen, waren darüber froh. Die Weiterbearbeitung der Stoffe jedoch – das Bleichen, Appretieren und Färben – fand immer in den Städten statt, hier war das entsprechende Fachwissen und die technischen Notwendigkeiten (Bleichänger, Färber- und Appretierbottiche) vorhanden.

Wie schon erwähnt, löste der Barchent ab der Mitte des 14. Jhs. die Erzeugung reiner Leinwand ab. Zunächst war es ein

Zusammenwirken von Handwerkerschaft und Kaufleuten, die diese Umstellung in Gang brachten, aber bald war den Webern klar, dass sie von nun an auf die Rohstoffversorgung durch die Kaufmannschaft angewiesen waren, da nicht mehr nur der heimische Flachs verarbeitet wurde. Um diesen Zwischenhandel auszuschließen, schlossen 1488 die Städte Memmingen, Isny, Kempten, Kaufbeuren, Wangen und Leutkirch ein Bündnis, das zumindest die Leinengarnbeschaffung für die Weber ohne Zwischenhandel (Fürkauf) sicherstellen sollte. Es hatte allerdings wenig Erfolg, die Kaufleute und Handelshäuser brachten die Weber durch den Ausbau des sogenannten Verlagswesens immer weiter in Abhängigkeit. Denn der Kaufmann lieferte dem finanzschwachen Weber Rohstoffe auf Kredit, der ihm dann die Ware termin- und qualitätsgerecht zum vorher festgesetzten Preis fertigstellen musste. Damit wurde der Kaufmann kapitalkumulierend immer reicher, der Weber aber immer ärmer. Das war übrigens auch das ursprüngliche Erfolgsrezept der Augsburger Fugger.

In jenen Jahrzehnten festigte sich das Wirtschaftsleben im Allgäu und hatte in dieser Form bis in das 19. Jh. Bestand. Der allergrößte Teil der Bevölkerung lebte auf dem Land von der bäuerlichen Landwirtschaft aufgrund der kargen Böden mehr schlecht als recht. Und da die geistlichen Grundherren mit dieser Konstellation zufrieden waren, gab es auch keine Weiterentwicklung; das verharrende Moment war sehr groß! In den Allgäuer Städten waren es die begüterten Handelsfamilien, die hauptsächlich vom Textilexport und von der Einfuhr von Getreide (Weizen), Salz, Wein und anderen wichtigen und gewinnbringenden Gütern lebten. Wirtschaftliche Neuerungen waren nur von dieser Bevölkerungsschicht zu erwarten.

Politische Entwicklungen

Die oben erwähnten Bestrebungen der territorialen Arrondierung liefen im Spätmittelalter auch im Allgäu nicht völlig gewaltfrei ab. Der neue König Rudolf I. von Habsburg (1218–1291) versuchte diese dauerschwelende Gewalt im Land durch dessen Einteilung in mehrere Landvogteien, denen ein friedensbewahrender Landvogt vorstand, in den Griff zu bekommen. Das Allgäu gehörte zur oberschwäbischen Landvogtei, deren Vogt Graf Hugo von Werdenberg damit vom König nicht nur die Gerichts- und Steuerhoheit über alle noch übrigen Konradinischen Güter erhielt, sondern auch die königliche Stadtoberhoheit über die ehemaligen Stauferstädte Memmingen, Kempten, Kaufbeuren, Leutkirch und Wangen ausüben konnte. Zur weiteren Befestigung der Friedhaltung verfügte König Rudolf I. dann 1281 einen besonderen Landfrieden für das Allgäu, den er als Landfriedensbündnis sogar mit Herzog Ludwig II. von Bayern 1282 auf das ganze Schwabenland und auf Bayern ausweitete. Mit dem Tode des Königs 1291 war dieser Landfriede wieder in Frage gestellt, die Allgäuer Städte und Herrschaften mussten sich mit den neuen Herren arrangieren. Bei der nun folgenden Epoche der springenden Königswahlen galt es, möglichst bald sich für den richtigen Kandidaten zu entscheiden, ihn zur Wahl zu unterstützen, um sich dann für dieses Verhalten königliche Huld für die eigenen Interessen zu sichern.

Wie alle Kaiser dieser Zeit versuchte Ludwig der Bayer, durch Verfolgung der Landfriedenspolitik das Fehdewesen dieser Zeit zu unterbinden. Besonders die auf Handel und Geleitsicherheit ihrer Wagenzüge angewiesenen Städte waren an solchen Regelungen interessiert. So schlossen sich 1330 u. a. die Allgäuer Städte Kempten und Memmingen dem ersten schwäbischen Städtebündnis an, dem auch der Bischof von Augsburg beitrat und das unter kaiserlichem Schutz stand. Ziel war es, die Rechte und Stellung der Reichsstädte zu sichern und den Landfrieden zu wahren. Viel Erfolg hatte dieses erste Bündnis, an dem Allgäuer Städte teilnahmen, ohne Bundesvorstand und gemeinsamen Oberbefehlshaber zwar nicht. Trotzdem kann es sinnbildhaft für die meisten folgenden Bündnisse stehen, die mit Allgäuer Beteiligung in Schwaben geschlossen wurden: Es sind hauptsächlich die Allgäuer Reichsstädte, die politisch agieren, um ihre Interessen zu schützen oder durchzusetzen; die geistlichen Herrschaften waren entweder mit Ritterfehden beschäftigt – wie z. B. die

Fehde zwischen den Herren von Rotenstein zu Wolkenberg mit dem Fürststift Kempten 1344 – oder lagen mit ihren Vögten wegen der Klostervogtei im Streit. Unter dem neuen Kaiser Karl IV. schlossen sich die Städte 1349 wieder zu einem neuen Bund zusammen, der 1356 erneuert wurde. Königliche Huld genoss der schwäbische Städtebund jedoch nicht mehr, vielmehr versuchte Karl IV. nach seiner Aussöhnung mit den Wittelsbachern ihn aufzulösen und einen eigenen Landfrieden einzuführen – was nicht gelang.

Die Ereignisse der folgenden Jahrzehnte im Allgäu folgen immer dem gleichen Grundmuster: Adel und Ritterschaft stritten sich mit den Städten und Klöstern, die die wesentlich größere wirtschaftliche Potenz hatten, um Vogteirechte, vermeintlich alte Herrschaftsrechte oder um das Lösegeld aus Raubritterzügen. Kaiser Karl IV. – genannt der »Pfaffenkönig« wegen seiner Vorliebe für die geistlichen Reichsstände – verwies von Prag aus immer wieder auf den Landfrieden, nach dem diese Auseinandersetzungen verboten wären, doch kümmerte sich im Allgäu niemand darum. 1376 bekräftigten die Allgäuer Städte in einem neuen Städtebund zusammen mit anderen schwäbischen Städten, ihre Freiheiten auch gegen den Kaiser zu verteidigen. Gegen den siegreichen schwäbischen Städtebund bildeten sich Adels- und Ritterbünde, und der Konflikt der bündischen schwäbischen und allgäuischen Städte gegen Württemberg und Bayern dauerte an, bis er in der Schlacht von Döffingen 1388 zugunsten der Fürsten vorläufig entschieden wurde. Auf Druck König Wenzels (1361–1419) löste sich der Schwäbische Städtebund 1389 auf, nur um 1401 nach der Absetzung Wenzels zunächst als Bund der Städte am Bodensee mit Isny, Wangen, Leutkirch, Kempten und Memmingen (die Kaufbeurer wussten damals nicht, wo der Bodensee war, und wollten nicht mitmachen) wieder neu zu erstehen. 1406 formierte sich der noch bestehende Allgäuer Adel mit anderen schwäbischen Standesgenossen zur »Vereinigung mit dem St. Jörgenschild«, die politisch bedeutsamer als die früheren Bünde dieser Art waren. Wieder kam es zu Städtebünden wie 1446, als sich nicht weniger als 41 Städte im Allgäu, in Schwaben und Franken zusammenschlossen, wieder schaukelten sich Raubritterübergriffe und Vergeltungsmaßnahmen der Städte hoch. Doch zu einer entscheidenden Schlacht kam es nicht, vielmehr trieben die verbrannten Dörfer und geschundenen Untertanen die Städte und geistlichen Herrschaften des Allgäus zu neuen politischen Überlegungen. Sie folgten jetzt dem Beispiel Memmingens, das als freie Reichsstadt ein ständeübergreifendes Bündnis mit Bayern und Tirol schloss, um den Frieden auch weiterhin zu bewahren. Es bahnte sich der Schwäbische Bund an. Sein Vorläufer im Allgäu war das 1476 gegründete, eher wirtschaftlichen Interessen gewidmete Garnbündnis, das die Rohstoffversorgung der oberschwäbischen und Allgäuer Weber sicherstellen sollte.

Dem von Friedrich III. (1415–1493) favorisierten und letzten Endes auch initiierten Schwäbischen Bund, der 1488 anlässlich des Reichstags zu Esslingen gegründet wurde, gehörten alle Allgäuer Reichsstädte, das Fürststift Kempten, das Kloster Irsee und alle weltlichen Herrschaften im Allgäu an. Das Kloster Ottobeuren berief sich auf seine alten (gefälschten) Privilegien aus der Ottonenzeit und blieb fern. Jedoch trat 1489 Bischof Friedrich von Augsburg dem Bund bei, sodass nun das Allgäu im Großen und Ganzen Bündnisgebiet war.

Ein Hauptziel des Schwäbischen Bundes war die Friedenswahrung untereinander. Das andere große Ziel, die Zurückdrängung der bayerischen Wittelsbacher aus den ostschwäbischen Gebieten, wurde knapp vor einer ernsthaften militärischen Konfrontation am 12. Mai 1492 zwischen Allgäuer und bayerischen Truppen von König Maximilian in persönlichen Verhandlungen mit Herzog Albrecht IV. von Bayern beigelegt, aber nicht eigentlich beendet. Eine weitere Entspannung stellte sich mit dem Beitritt Albrechts IV. zum Schwäbischen Bund im Jahr 1500 ein; doch erst der Landshuter Erbfolgekrieg 1504/05 brachte mit der Schaffung des Herzogtums Pfalz-Neuburg längerdauernde Ruhe.

Nach innen hin übernahm der Schwäbische Bund durch die Wahrung des Friedens unter den Mitgliedern auch Funktionen des untergegangenen Herzogtums, wenngleich natürlich die Städte und Herrschaften des Allgäus sich bei drohend ungünstigem Ausgang ihrer Konflikte weiterhin an den Kaiser wandten.

Am Ende des 15. Jhs. fanden im Allgäu noch zwei Ereignisse statt, die bereits in das kommende Jahrhundert wiesen: 1486 wurde in Memmingen von Albert Kunne aus Duderstadt die erste Buchdruckerei im Allgäu eingerichtet, ihr erstes Druckerzeugnis war ein Ablassbrief (!), der von der katholischen Kirche anlässlich der Belagerung von Rhodos durch die Türken herausgegeben wurde.

Wie ein Wetterleuchten am Horizont aber erscheint der Konflikt zwischen den stiftkemptischen Bauern und dem Fürstabt Johann von Riedheim für die nächste Zukunft, der schon alle Kennzeichen eines großen und blutigen Krieges hatte.

Kriegerische Zeiten: Bauernkrieg, Reformation und Gegenreformation, Dreißigjähriger Krieg

Wie schon erwähnt, waren die territorialen Arrondierungen der weltlichen und geistlichen Landesherrschaften im Wesentlichen abgeschlossen. Waren gewalttätige Veränderungen daran schon in den letzten beiden Jahrhunderten höchst selten, so wurden die Herrschaftsveränderungen von nun an in Verhandlung und Vertrag vollzogen. Der vom Schwäbischen Bund beaufsichtigte Landfrieden tat sein Übriges dazu, sodass eine langsam fortschreitende Befriedung des Landes hätte kommen können. Einem wirklichen Frieden aber stand die Unfähigkeit der geistlichen Landesherren im Allgäu entgegen, denen es v. a. im Fürststift Kempten und im Kloster Irsee nicht gelang, auf den Unmut ihrer bäuerlichen Untertanen einzugehen, geschweige denn ihn ernst zu nehmen. Im Gegensatz zu weltlichen Herren müssen es sich die geistlichen Herren gefallen lassen – da sie ja zunächst und vor allem katholische Priester waren (oder es sein sollten!) –, dass sie nach den christlichen Grundwerten der Nächstenliebe und den Anforderungen der Seelsorge gemessen werden und nicht nach ihren Erfolgen als weltlicher Landesherr. Die Allgäuer Äbte scheiterten an diesem Anspruch; und als besonders unglückselige Exemplare der katholischen Geistlichkeit dieser Zeit waren sie auch von den neuen Lehren der Reformation geistig überfordert und begriffen nicht, welche theologische und politische Umwälzung damit einherging.

Beide Ereignisse, Bauernkrieg und Reformation, traten im Allgäu fast gleichzeitig auf und verschränkten sich zunächst miteinander. Da der Bauernkrieg in seinem äußeren Erscheinungsbild spektakulärer, in seiner Dauer aber wesentlich kürzer und in sich abgeschlossener ist als das Reformationsgeschehen im Allgäu, soll zunächst die Rede von ihm sein.

Die Bauern schließen sich zusammen

Der Bauernkrieg im Allgäu war kein singuläres Ereignis, er ist eingebettet in den eruptiven Ausbruch der Bauernunruhen im deutschen Südwesten, in Franken und in Thüringen, in Salzburgischen und habsburgischen Ländern wie Tirol, Ober- und Niederösterreich, Kärnten sowie in der Steiermark. Er stellte aber mit Formulierung und Publikation der Zwölf Artikel vom März 1525 in Memmingen zumindest im Schwäbischen den geistigen Höhepunkt der Bauernbewegung dar.

Der Aufruhr der Bauern im Allgäu begann mit dem Amtsantritt des neuen Abtes des Fürststifts Kempten, Sebastian von Breitenstein: ein 60-jähriger, geistig eher beschränkter Mann, der zwar die Priesterweihe und einen unehelichen Sohn, aber noch nie die Messe gelesen hatte. Bei seiner Antrittsmesse als Abt kritisierte ihn der Pfarrvikar von St. Lorenz Matthias Weibel dermaßen scharf und prangerte die Prunk- und Verschwendungssucht des neuen Abtes so wortgewaltig an, dass ihn der Bruder des neuen Abtes nach der Messe niederstechen wollte.

Da der neue Abt die Politik seines Vorgängers gegenüber den Bauern fortsetzte, sie also weiterhin in die Leibeigenschaft drängte, die bisher alten freien Rechte an Allmende und Wald abschaffte und im Herbst 1524 die Abgaben und Frondienste einseitig erhöhte, verweigerten die Kemptner Bauern den Gehorsam. Schon im Juli dieses Jahres hatten sich die Bischöfe von Augsburg und Konstanz, der Abt von Kempten, Georg und Wilhelm von Waldburg, ein Delegierter von Jörg von Frundsberg sowie Abgesandte von Isny und Wangen in Leutkirch getroffen und die gewaltsame Unterdrückung allen Aufruhrs der Bauern beschlossen. Der Schwäbische Bund traf am 28. Dezember aufgrund der Verweigerungshaltung der Kemptner Bauern die Entscheidung, den von Bauernempörungen betroffenen Mitgliedern im Allgäu zu Hilfe zu kommen und stellte dafür 200 Reiter auf. Fast gleichzeitig entstand aus einer Wirtshauszusammenkunft in Baltringen am 24. Dezember 1524 im raschen Umgriff unter den Bauern der Baltringer Haufen, der bald von Meßkirch bis an den Lech nördlich des Allgäus die Bauern bei sich versammelte und der im frommen, redlichen und doch beredsamen Ulrich Schmied von Sulmingen seinen Anführer fand, der bei den Bauern hohes Ansehen genoss.

Abgesandte der Stiftskempter Bauern berieten am 9. Januar 1525 in Obergünzburg über die weitere Auseinandersetzung mit dem Abt, der aber die Verhandlungen verweigerte. Daraufhin berief der Bleichergeselle Jörg Schmied, genannt »Knopf von Leubas«, am 23. Januar die bäuerliche Landschaft zur alten Malstelle in Leubas zusammen. Der Zulauf war groß, man beschloss, den Schwäbischen Bund für seine Forderungen anzurufen. Der zeigte sich zunächst auch entgegenkommend und wollte vermitteln. Die Bauern beauftragten Jörg Knopf, Jörg Täuber und Konrad Maier von Götzen als verhandlungsführenden Ausschuss; in der Zwischenzeit hatte sich der kemptische Fürstabt ebenfalls mit seinen Beschwerden an den Schwäbischen Bund gewandt, der auf seinem Bundestag am 5. Februar 1525 in Ulm darüber beriet. Seine ursprüngliche Vermittlungsabsicht konterkarierte der bayerisch-herzogliche Rat Leonhard von Eck und zwang den Bund zu einer feindseligen Haltung gegenüber den Bauern. Besonders perfide riet er zu Scheinverhandlungen, da die Bundestruppen noch mit ihrem Feldzug gegen Herzog Ulrich von Württemberg beschäftigt wären. In den Tagen danach kamen die Bauern der Grafschaft Rotenfels und der augsburgischen Pflege Rettenberg in Sonthofen zusammen, berieten sich über ihre Forderungen, die sie dann den hinzugekommenen Obrigkeiten vortrugen und – zum ersten Mal im Verlauf – die Predigt nach der neuen Lehre verlangten. Sie trafen auf Ablehnung. Am 20. Februar schlossen sich die Illertaler Bauern dem Baltringer Haufen an, am 25. Februar verhandelten hochstiftisch-augsburgische Bauern in Marktoberdorf, denen sich auch stiftkemptische Bauern zugesellten, mit dem Augsburger Bischof Christoph von Stadion. Wieder scheiterten die Verhandlungen, zum Teil auch daran, weil etliche Geistliche bewaffnet bei dieser Zusammenkunft erschienen. Als der Pfarrvikar von Marktoberdorf die Übergabe der Kirchenschlüssel verweigerte, eskalierte die Situation: Die Kirche wurde aufgebrochen und geplündert, der Bauernhaufen zog südwärts und fischte den Weißen- und den Hopfensee aus.

Bei der Versammlung der Bauern, die Jörg Knopf für den 27. Februar nach Leubas einberufen hatte, nahmen auch Gesandte des Kemptner Fürstabtes Breitenstein teil. Diese verweigerten jedoch nicht nur die erbetenen Gespräche der Bauern mit dem Abt, sondern sie bedrohten und verhöhnten die Bauern auch noch. Jörg Knopf bildete den Allgäuer Bund der Bauern, die Versammlung wollte den Beitritt aller Bauern, auch zwangsweise, und übertrug die Leitung des Bundes einem Ausschuss. Anfang März zeigte sich im Allgäu folgendes Bild: Die stiftkemptischen Bauern, die von Rotenfels und die der bischöflichen Pflegen Nesselwang und Rettenberg haben sich zum Allgäuer Bund vereint. Im Ostallgäu hatte sich der Obergünzburger Haufen zusammengefunden, ein ähnliches Bündnis vollzog sich zu gleicher Zeit im Irseer Klosterland unter der Führung des Pforzeners Simon Müller.

Die Bauern der Reichsstädte Kempten und Memmingen verhielten sich ruhig, die Städte hatten ihnen für ihre Forderungen Entgegenkommen und sehr gute Bedingungen zugesichert. Anfang März 1525 wählte der Allgäuer Bund in Kempten (Reichsstadt) für sich den neuen Namen Allgäuer christliche Vereinigung, und der Ausschuss strebte die Vereinigung mit dem Baltringer Haufen und mit dem Seehaufen (Bodensee) an.

Die Zwölf Artikel der Christlichen Vereinigung

In der Kramerzunftstube in Memmingen versammelten sich ab dem 6. März die Abgesandten der drei Bauernhaufen und berieten sich. Die mitgebrachten Beschwerden wurden gesichtet und systematisiert. Unter der federführenden Redaktion des Kürschnergesellen Sebastian Lotzer und der Mitarbeit des Memminger Prädikanten und Reformators Christoph Schappeler entstanden die weltberühmten Zwölf Artikel der Bauern, »die gründlichen und rechten Hauptartikel aller Bauernschaft und Hintersassen der geistlichen und weltlichen Oberkeiten, von welchen sie sich beschwert vermeinen«, wie sie im Original hießen. Der Einfluss der Reformation wurde bei den Forderungen nach der Predigt des Evangeliums, der Wahl des

Im Gebäude der Kramerzunft in Memmingen wurden die Zwölf Artikel festgelegt.

Pfarrers durch die Gemeinde und die Abschaffung der Leibeigenschaft, da diese mit dem göttlichen Recht unvereinbar wäre, sichtbar. Bei den anderen Artikeln ging es hauptsächlich um die Wiederherstellung des alten Rechts der Bauern, die Freiheit der Allmende und die Stärkung der kommunalen Selbstverwaltung. Neben den einprägsamen Zwölf Artikeln trug auch die in diesen Tagen am selben Ort entstandene Bundesordnung der am 7. März aus den drei Bauernhaufen gebildeten Christlichen Vereinigung zur weiteren politischen Einheit der Bauern bei. Zusammen mit den Zwölf Artikeln gelten sie heute nach der Magna Carta von 1215 als eine der ersten niedergeschriebenen Forderungen nach Menschen- und Freiheitsrechten in Europa. Die Bundesordnung zielte aber auch auf die städtischen Schichten (Zunftbürger), die vom Stadtregiment fast ausgeschlossen waren. Die Folge war natürlich eine zunehmende Reserviertheit der Allgäuer Reichsstädte gegenüber den Bauern, da die oligarchischen Magistrate ihre Herrschaft gefährdet sahen.

Die Christliche Vereinigung zeigte auch am 19. März dem Schwäbischen Bund und den Reichsstädten im Allgäu und in Schwaben ihr Bestehen an, hoffend, als Verhandlungspartner auf Augenhöhe wahrgenommen zu werden. Da aber hatte Leonhard von Eck die besonneneren und gemäßigten Stimmen in Ulm schon zum Verstummen gebracht und den Schwäbischen Bund auf eine den Bauern gegenüber feindselige und insgesamt reaktionäre Haltung eingeschworen. In der Zwischenzeit standen sich auch im Irseer Klosterland der Abt Peter Fend – in seiner Unfähigkeit ein typischer Vertreter der katholischen bornierten Geistlichkeit – und die Bauern des Obergünzburger Haufens aus Eggenthal, Baisweil und Pforzen gegenüber. Klostervogt Georg von Benzenau vermittelte vergeblich, der Abt bestand auf Bestrafung eines jeden Bauern. Als zwischen dem 20. und 30. März die Truppenzusammenziehung des Schwäbischen Bundes gegen die Bauern an der Donau bekannt wurde, besetzten die Bauern Kloster Irsee, der Abt flüchtete nach Kaufbeuren, doch noch wurde nicht geplündert. Nach dem Angriff des Schwäbischen Bundes auf die südlich der Donau stehenden Bauernhaufen und die Plünderung der Dörfer Ehingen und Erbach griffen die Bauern aus Eggenthal und Baisweil auf die Lebensmittelvorräte des Irseer Klosters zu. Das Kloster Ottobeuren wurde am 2. April ausgeraubt, einen Tag später war es dann für das Kloster Kempten so weit: Besetzung und Plünderung durch die kemptischen Bauern unter dem Jörg Knopf sowie unter Mitwirkung der Oberallgäuer Bauern unter Walter Bach von Oy. Danach zogen die Oberallgäuer nach Füssen weiter, Jörg Knopf wandte sich mit seinem Haufen zur Burg Liebenthann bei Obergünzburg, wo sich

Abt Breitenstein und sein Konvent verschanzt hatten. Die Burg wurde bereits vom Obergünzburger Haufen belagert, nach dem Eintreffen des kemptischen Haufens kapitulierte der Abt am 11. April gegen freien Abzug und floh mit seinem Konvent für den Rest des Krieges in den Schutz der Reichsstadt Kempten. Das sollte für das Kloster und für die Stadt Kempten noch Folgen haben.

Jörg Knopf teilte seinen Bauernhaufen: Ein Teil zog mit ihm nach Mittelschwaben, verstärkte den Baltringer und Ottobeurer Haufen und bekriegte die Adelsburgen, der andere Teil besetzte wieder das Kemptner Kloster und plünderte dort erneut.

Am 11. April musste der Feldhauptmann des Schwäbischen Bundes, Jörg Truchsess von Waldburg, mit seinen Truppen gegen die aufständischen Bauern im Allgäu vorgehen. In der Schlacht von Wurzach am 14. April zersprengte er den Wurzacher Haufen und wandte sich dann gegen den Seehaufen, den er am 17. April vor Weingarten attackierte. Eine Delegation der Reichsstadt Ravensburg griff jedoch ein und erreichte einen Abbruch der Kämpfe. Da die zugesagte Unterstützung des Allgäuer Haufens ausblieb, nahmen die Bauern den vom Truchsess schon vorbereiteten und für sie selbst sehr ungünstigen Weingartener Vertrag an, der letzten Endes ihre Unterwerfung bedeutete. Als bei Großholzleute der Allgäuer Haufen davon erfuhr, schloss er sich auf Betreiben seines Hauptmanns Walter Bach, der um die Unterlegenheit der Bauernhaufen gegen die Kriegsknechte des Truchsesses wusste, dem Vertrag an. Bevor es aber zur allgemeinen Unterwerfung kam, war Jörg Knopf aus Mittelschwaben eingetroffen und begann den Widerstand gegen den Schwäbischen Bund neu zu organisieren.

Gescheiterte Verhandlungen und das blutige Ende

Die Stadt Füssen hatten die Bauern am 9. April zum ersten Mal besetzt, doch wichen sie vor den österreichischen Truppen aus dem Außerfern zurück, konnten dabei aber Aitrang, Bernbeuren und Pfronten zwingen, sich ihnen anzuschließen. Auf Anrufen des Schwäbischen Bundes war der bayerische Herzog

Ludwig X. (1495–1545) von Landsberg aus am 20. April gegen Buchloe und Wiedergeltingen vorgegangen, den Bauernhaufen bei Kleinkitzighofen, der gegen den bayerischen Übergriff Front machte, konnte der Friedberger Kommandant zur Annahme des Weingartener Vertrags veranlassen; allerdings blieben die Bauern noch zusammen. Der bayerische Herzog plünderte am 23. April noch schnell Denklingen, dann zog er sich wieder hinter den Lech zurück. Die Bauern zwischen Wertach und Lech versammelten sich am 27. April in Bernbeuren und Leeder und nahmen den Weingartener Vertrag an.

In der Zwischenzeit war es Jörg Knopf erneut gelungen, den Widerstand gegen diesen Vertrag zu organisieren. Die Oberallgäuer und Legauer Bauern sowie die Lechbauern nahmen Abstand vom Vertrag; mit dem neuen Allgäuer Haufen, für den sich in Marktoberdorf, Roßhaupten, Seeg, Pfronten und Nesselwang noch weitere Bauern sammelten, stieß er auf Füssen vor. Auf seinem Marsch dorthin plünderte der Obergünzburger Haufen nochmals das Kloster Irsee; am 10. Mai hatten sich die Bauernhaufen vor Füssen vereinigt, die Aufforderung, sich dem Weingartener Vertrag zu unterwerfen, lehnten sie ab. In Füssen selbst lag eine Besatzung von 1000 Mann österreichischer Truppen, ihnen standen ca. 16 000 Bauern aus 177 Allgäuer Pfarreien gegenüber, und hier kam es auch zu einer Vorentscheidung im Allgäuer Bauernkrieg: Unter dem Eindruck des Steingadener Streifzugs der Bauern über den Lech schloss Herzog Wilhelm IV. von Bayern am 14. Mai einen 14-tägigen Waffenstillstand. Am gleichen Tag einigte sich Erzherzog Ferdinand von Österreich (1503–1564) mit den Bauern in einem Vorvertrag auf die Aufhebung der Leibeigenschaft im ganzen Allgäu bei Rückzug und Auflösung des Bauernheeres unter Rückgabe aller festen Plätze. Die Ostallgäuer Bauern, die Städte Kempten und Isny nahmen diesen Vertrag an, die Bauernhaufen lösten sich auf und versuchten ihre Heimatdörfer wieder zu erreichen. Auf diesen Rückzügen wurde das Kloster Irsee erneut geplündert und angezündet.

Als am 20. Mai Bauernabordnungen im Kloster Füssen den endgültigen Vertrag aushandeln wollten, hatte Leonhard von Eck alles hintertrieben und oktroyierte den nun machtarmen

An die Schlacht von Leubas vom 13. bis 15. Juli 1525 erinnert diese Tafel (heute im Gemeindegebiet von Lauben).

Bauern einen noch wesentlich ungünstigeren Vertrag auf. Denn es war bekannt geworden, dass Jörg Truchsess in der Schlacht von Böblingen am 12. Mai die württembergischen Bauern fast vollständig vernichtet hatte und sich jetzt wieder dem Allgäu zuwandte. Am 27. Mai 1525 unterlagen die mitteldeutschen Bauern unter Thomas Müntzer in der Schlacht von Frankenhausen, am 30. Mai nahmen die Bauern in Füssen den Waffenstillstandsvertrag an, der aber noch ungünstiger war als der Weingartener Vertrag.

Im Juni 1525 versuchten bauernfreundliche Kräfte in Memmingen und Kaufbeuren in den Städten einen Umsturz herbeizuführen, was jedoch misslang: In beide Städte legte nun der Schwäbische Bund Truppen und versuchte, die reformatorische Entwicklung aufzuhalten. Zwar belagerte daraufhin der unter Jörg Knopf neu aufgestellte Allgäuer Haufen Memmingen, musste sich aber vor Jörg Truchsess und Georg von Frundsberg aus Mindelheim zurückziehen.

Die endgültige Entscheidung bahnte sich für den Juli 1525 an: Jörg Truchsess marschierte mit seinem Heer illeraufwärts auf Kempten zu, Jörg Knopf beschwor am 6. Juli nochmals in Nesselwang die letzten Vertreter des Allgäuer Haufens zum

Widerstand. Am 12. Juli zog das Allgäuer Bauernheer mit ca. 23 000 Mann an das südliche Steilufer der Leubas gegenüber dem Dorf Heising, wo der Truchsess mit 11 000 Mann lagerte. Nach einem Artillerieduell griffen die Bauern am 14. Juli an, doch blieb die Attacke stecken, die Bauern mussten in ihre Stellungen zurück. Am Morgen des 15. Juli überredete Georg von Frundsberg den Oberallgäuer Feldhauptmann Walter Bach, der als Landsknecht bei ihm gedient hatte, zum Rückzug. Bach verließ nun mit seinen Bauern das Lager. Daraufhin floh ein Teil der Bauern in Panik, ca. 8000 von ihnen aber bezogen unter Jörg Knopf ihre letzte Stellung auf dem Kohlenberg bei Sulzberg. Als auf Befehl des Truchsesses ihre Dörfer in Flammen aufgingen, ergaben sie sich am 16. Juli 1525 »auf gnadt und ungnadt«.

Dieser letzten Schlacht fielen ca. 3000–4000 Bauern zum Opfer; wer von den gefangen genommenen Bauern einen Bart trug, dem wurde das halbe Gesicht geschoren, dann musste er einen Gehorsamseid schwören, der auch Schadenersatz zusicherte und wurde entlassen. Etwa 70 Anführer wurden gefangen gehalten, Jörg Knopf floh mit etlichen anderen Bauernführern ins Vorarlbergische und wurde Ende Juli in Rankweil festgenommen. Am 20. Januar 1526 erhängte man ihn zwischen Lochau und Bregenz.

Nachwirkungen des Bauernkriegs

Es war eine gewaltige Erschütterung, die das Allgäu durch den Bauernkrieg erlebt hatte. Letzten Endes waren geistliche wie weltliche Landesherren zu schwach, um die in ihrer Mehrheit empörten Bauern, die den Gehorsam verweigerten, in die Schranken zu weisen, sie benötigten dazu die bewaffnete Macht des Schwäbischen Bundes. Die zynisch-machiavellistische Haltung des bayerischen Rates Leonhard von Eck gegenüber den Bauern, in denen er ein einziges lutherisches Übel sah, dominierte den Bund, die besonneneren Stimmen kamen erst im Herbst 1525 wieder zur Geltung. Beide Seiten hatten aber auch erkannt, dass dem Zusammenschluss der Bauern ein an der Eidgenossenschaft sich orientierendes Staatsmodell zugrunde lag, das die bisher im Allgäu gewachsenen herrschaftlichen Verhältnisse obsolet machen würde. Das hattes es zu verhindern gegolten. Zunächst hielten sich die Herrschaften an den gedemütigten Bauern schadlos: Im August 1525 kam der Bischof von Augsburg in seine Allgäuer Gebiete, um den Schadenersatz einzutreiben. Jeder seiner Bauern, der in irgendeiner Art als Mitläufer an den Aufständen teilgenommen hatte, musste 2 fl. Strafsteuer zahlen, dazu genügte die Anzeige eines Nachbarn oder Dorfgenossen – die Denunziation blühte. Für alle aufständischen Bauern galt außerdem noch die Kapitulationsbestimmung der Aufgabe am Kohlenberg, in der der Schwäbische Bund von jedem Bauernhaus 6 fl. Brandsteuer für seine Unkosten forderte und in den folgenden Monaten auch einziehen ließ.

Schwieriger zeigte sich die Neugestaltung des Verhältnisses zwischen den stiftkemptischen Bauern und ihrem Landesherrn, dem Fürstabt, der zunächst einmal von seinen Bauern 160 000 fl. Schadenersatz forderte, alle bisherigen Lehens- und Pachtverhältnisse für erloschen und ungültig erklärte. Trotz ihrer Niederlagen und Verluste stellten sich die Allgäuer Bauern stur, verweigerten Zahlung und Huldigung. Da sich in Herbst und Winter 1525 die Spannungen zwischen Bauern und Kloster wieder verstärkten, durch das törichte Verhalten des Abtes gar ein Wiederaufflammen des Aufstandes drohte, schaltete sich mit großer Bestimmtheit der Schwäbische Bund ein und ließ von einer Kommission für den 8. Januar 1526 zu einer Tagung in Memmingen ein Vertragskonzept fertigen. Mitglieder dieser Kommission waren u. a. die Bürgermeister Gordian Seuter von Kempten und Heinrich Besserer von Ravensburg. Erstaunlich rasch einigten sich die Delegationen unter deren Verhandlungsführung und schlossen am 19. Januar 1526 in Memmingen jenen Vertrag zwischen den stiftkemptischen Bauern und ihrem Landesherrn, dem Fürststift Kempten, der schon durch die Freiwilligkeit des Zustandekommens in seiner Regelung von Rechten und Pflichten zwischen Untertan und Kloster Verfassungsrang (Peter Blickle) haben kann.

Immerhin regelte dieser Memminger Vertrag jetzt bis zum Ende des Stifts das staatliche Zusammenleben.

Am 7. November 1526 hatte Abt Peter Fend von Irsee seinen Mönchen die Rückkehr vom Stadthaus des Klosters in Kaufbeuren in die notdürftig eingerichteten Zellen in den Trümmerresten des Klosters befohlen. Außerdem strengte er einen Prozess gegen die Klosteruntertanen an, die sich an der Erhebung beteiligt hatten, um Schadenersatz zu erhalten, wobei er seine Forderungen massiv in die Höhe schraubte. Als der Prozess dann am 7. Mai 1527 begann, musste der Abt erkennen, dass sein weltlicher Vogt, Georg von Benzenau, ein genauer Kenner des Abtes und der klösterlichen Verhältnisse, nicht gewillt war, die Bauern wieder vom Kloster drangsalieren zu lassen. Der Prozess verlief für sie daher äußerst glimpflich.

Reformation

Bereits im ersten der Zwölf Artikel der Christlichen Vereinigung wurde die freie Pfarrerwahl durch die Gemeinden gefordert; es war eindeutig reformatorisches Gedankengut, das sich hier manifestierte. Da die Reformation im Allgäu ein Ereignis der Reichsstädte war, hat sich der Begriff der »Ratsreformationen« (Rolf Kießling) eingebürgert, die jedoch sehr unterschiedlich verlaufen sind, wobei sich in ihnen verschiedene Strömungen und Entwicklungen der Reformation in Schwaben zeigten.

Memmingen

In Memmingen waren zumindest die Augustinermönche seit 1516 mit Luthers Gedankengängen vertraut, da der Reformator seit seiner Romreise 1511 mit ihnen in Verbindung stand. Ausschlaggebend für die Reformation war aber Dr. Christoph Schappeler (1472–1551), der seit 1513 die Predigerstelle (Prädikatur) an der Pfarrkirche St. Martin inne hatte. Schappeler galt als hochgebildet, als rhetorisch begabt und stand mit den Wittenberger Reformatoren Luther und Karlstadt in Verbindung,

DER GROSSE KAUF UND DER MEMMINGER VERTRAG

Für Stadt und Fürststift Kempten gab es trotz des bornierten Fürstabts Breitenstein für Bauern wie für Bürger zwei erhebliche Änderungen, die mit dem Bauernkrieg zusammenhingen: Zum einen nutzte die Reichsstadt Kempten unter der Führung von Bürgermeister Gordian Seuter die Notlage des sich in ihren Schutz geflohenen Fürstabtes und seines Konvents – die sich seit Mitte April 1525 in der Stadt befunden hatten – aus und brachte mit dem Abt den »Großen Kauf« vom 6. Mai 1525 zustande. Für 30 000 fl. kaufte die Reichsstadt Kempten dem Fürststift alle Rechte und Besitzungen ab, die dieses noch in und an der Stadt Kempten hatte. Damit war für Kempten die Entwicklung zur freien Reichsstadt, die 1289 mit dem Rudolfinischen Privileg von Basel begonnen hatte, abgeschlossen. Da sich in der Zwischenzeit Bürger und Magistrat der lutherischen Reformation geöffnet hatten, war es für sie keine Schwierigkeit, die vielleicht sogar noch stiftischen Kirchenschätze in der Stadt in Münzen umzuschmelzen und den Abt damit zu bezahlen.

Ungeachtet ihrer schweren militärischen Niederlage blieben die Bauern des Fürststifts Kempten gegenüber ihrem Grund- und Landesherren widerspenstig und verweigerten die Huldigungen. Der Konflikt schwelte weiter und drohte sich wieder zu entzünden, als schließlich der Schwäbische Bund eingriff und noch im Januar 1526 Abgesandte des Fürstabts, der Bauern und der Städte Ravensburg und Kempten nach Memmingen lud und sie beauftragte, alle strittigen Punkte zu vergleichen, was letzten Endes auch gelang: Am 19. Januar 1526 wurde der Memminger Vertrag zwischen Fürstabt und Bauernschaft besiegelt und rechtskräftig, der nun ihr Verhältnis für die Zukunft regelte. Heute wird diesem Vertrag durchaus Verfassungsrang zugebilligt.

deren Lehren er kannte und schätzte. In Bevölkerung und Rat der Stadt jedoch polarisierte er: Den einen galt er als Idealbesetzung für die Stelle, den anderen war er zu demagogisch, populistisch und ungezügelt. Ab August 1521 bezog sich Schappeler in seinen Predigten immer mehr auf das reine Evangelium und polemisierte gegen den alten Glauben, sodass der Rat eingreifen musste, um Unruhen zu vermeiden. Zwar wurde das Wormser Edikt noch am 30. September 1521 in Memmingen verkündet, aber nicht mehr umgesetzt – die Ratsmehrheit stand schon auf lutherischer Seite. Als sich der Augsburger Bischof 1523 endlich um die Memminger Vorgänge kümmerte, empfahl er der noch altgläubig gebliebenen Bevölkerung, mehr Prozessionen in der Stadt zur Stärkung des Glaubens durchzuführen. Dann forderte er Schappeler zu sich nach Dillingen, um ihn zum Widerruf seiner reformatorischen Predigten zu zwingen. Schappeler verweigerte sein Kommen, wurde vom Bischof im Februar 1524 gebannt, und die daraus folgende Reichsacht gegen den Prediger forderte den Memminger Magistrat heraus: Verwies er den geächteten Schappeler der Stadt, waren erhebliche Unruhen zu erwarten, beließ er ihn in der Stadt, war unter Umständen mit einer Besetzung von kaiserlichen Truppen zu rechnen. Der Magistrat fragte u. a. bei Conrad Peutinger aus Augsburg um Rat, der besagte, der bischöfliche Bann wäre wegen formaler Fehler ungültig und Schappeler sollte in der Stadt bleiben. Danach traten etliche altgläubige Ratsmitglieder zurück und wurden mit Anhängern der Reformation ausgetauscht. Damit setzte sich in der zweiten Jahreshälfte 1524 die Reformation in Memmingen endgültig durch; das Anfang Januar 1525 hier abgehaltene Religionsgespräch zeigte erneut die geistige Armut des katholischen Klerus. Die Gottesdienste folgten der reformatorischen Liturgie, die Geistlichen wurden mit Eheschließung, Besteuerung, Gerichtsverantwortung und Bürgereid dem weltlichen Leben zugeführt. Die Bestallung neuer Prediger erfolgte durch einen gemeinsamen Ausschuss von Rat und Zünften. Dem Rat wuchsen damit erhebliche Kompetenzen im religiösen Leben zu, doch vollzog er eigentlich nur, was die Gemeinde, vertreten durch den Gemeindeausschuss, wollte.

Als sich auf dem Höhepunkt des Bauernkriegs der Rat Schutztruppen des Schwäbischen Bundes in die Stadt holte, versuchte der Bund unter bayerischem Antreiben die Memminger Reformation sozusagen rückgängig zu machen, hatte damit aber keinen bleibenden Erfolg. Auch wenn Schappeler die Stadt vor den Truppen verlassen musste und nicht mehr

Der Kemptner Bürgermeister Gordian Seuter, Porträt von 1534.

zurückkehrte, blieb Memmingen lutherisch. In Folge des Reichstagsabschieds von Speyer 1526 vollendete nun der Rat die Reformation: Die evangelischen Prädikanten (nur nicht Schappeler) wurden zurückgeholt, 1528 wurde ein neues Kirchenregiment eingeführt und die Messe nach altem Ritus abgeschafft. In der Reichspolitik vertrat die Stadt zusammen mit Konstanz, Straßburg und Lindau in der Confessio Tetrapolitana die Reformation nach Züricher Vorbild (Zwingli). Sie schloss sich dann aber im Verlauf des Augsburger Reichstags 1530 der Confessio Augustana der lutherischen Richtung an und verweigerte die vom Kaiser geforderte Annahme des Reichstagsabschieds, der die Rückkehr zur katholischen Religion bedeutet hätte. 1531 wurde die Stadt Mitglied im Schmalkaldischen Bündnis, 1532 erfolgte die förmliche Anerkennung der Confessio Augustana, und 1536 unterzeichnete sie die

Der Memminger Reformator Christoph Schappeler (Schweiz um 1551).

Wittenberger Konkordie. Memmingen stand nun fest bei den evangelischen Reichsständen.

Kaufbeuren

Einen gänzlich anderen Verlauf nahm die Reformation in Kaufbeuren. Leider sind die archivalischen Quellen in diesem Fall sehr sparsam, denn der Magistrat Kaufbeurens ließ 1846 in einem Anfall von kulturellem Weitblick fast das gesamte Archiv vernichten, doch kann ungefähr noch folgender Hergang rekonstruiert werden: Gegen die allgemeine Verlotterung des katholischen Klerus in der Stadt wandte sich der Magistrat zwischen 1519 und 1535 nachweislich sieben Mal an das Ordinariat in Augsburg um Abhilfe. Besonders in den ersten Jahren muss das lutherische Gedankengut Eingang in die Stadt und in die Köpfe und Seelen der Menschen erhalten haben, denn am 8. September (Mariä Geburt) 1524 holte der Kannengießer Ulrich Winkler den Prediger Georg Sigk von der Kanzel in der Stadtpfarrkirche St. Martin und verprügelte ihn mit den Worten: »Pfaff, du lugst!« Offensichtlich hatten die Worte des lutherischen Prädikanten Jakob Lutzenberger in St. Martin die vorangegangene Zeit Eindruck bei der Bevölkerung gemacht. Der Magistrat unter Führung des lutherfreundlichen Blasius Honold versuchte die Ruhe in der Stadt zu bewahren. Er hielt Ende Januar 1525 nach Memminger Vorbild ein Religionsgespräch zwischen den Parteien ab, dem Sieger wollte man sich dann anschließen. Die evangelischen Theologen überzeugten, der Rat ließ von nun ab das Evangelium im Sinne der Reformation verkünden. Weitere Entscheidungen über Zeremonien und Kultus wollte man später treffen, die altgläubigen Geistlichen blieben unbehelligt. Denn der Kaufbeurer Magistrat wusste sich von seinen katholischen Nachbarn, dem Fürststift Kempten, dem Hochstift Augsburg, dem Kloster Irsee und – von Ferne – vom Herzogtum Bayern misstrauisch beobachtet. Während der Ereignisse des Bauernkrieges – Flucht des Klosters Irsee nach Kaufbeuren, Besetzung der Stadt mit Schwäbischen Bundestruppen, Verhandlungen mit den aufständischen Bauern – setzte Herzog Wilhelm IV. von Bayern einen romtreuen Bürgermeister durch, der zunächst einmal die reformatorische Bewegung beendete. In den nächsten zwanzig Jahren bot Kaufbeuren eine zwiespältige Erscheinung: Der Bürgermeister altgläubig und romtreu, der überwiegende Teil des Magistrats der Lehre Luthers zugetan, und die Bevölkerung aufgeteilt in Katholiken, Protestanten und Schwenckfelder, denn die Lehren des Kaspar Schwenckfeld von Ossig hatten in der Stadt Einfluss gewonnen. 1545 einigte sich der Magistrat dann auf die lutherische Lehre der Confessio Augustana, unterstützt von Predigern und Delegationen aus den evangelischen Reichsstädten der Nachbarschaft: Kempten, Memmingen, Ulm und Augsburg. Auch dem Schmalkaldischen Bund trat man näher, aber nicht bei; die finanzielle Anforderung dazu war dem Magistrat zu hoch, das katholische Herzogtum Bayern sehr nahe. So unterblieb auch die Einführung der Reformation in den reichsstädtischen Dörfern um Kaufbeuren – Bayern hatte dazu kurz die Augenbrauen gerunzelt. Im Gegensatz zu anderen Reichsstädten im Allgäu verschwand der katholische Bevölkerungsanteil nie vollständig aus der Stadt und erfreute sich immer bayerischer und hochstiftisch-augsburgischer Unterstützung.

Kempten

Im Gegensatz zu Kaufbeuren verlief die Reformation in der Reichsstadt Kempten sozusagen geschlossener ab. Stadtpfarrer Sixtus Rummel von der städtischen St.-Mang-Kirche und sein dort wirkender Prediger Jakob Haystung waren wie der Prediger der St.-Lorenz-Kirche, Mathias Waibel, Vertreter der neuen Lehre und predigten und wirkten in deren Sinn seit 1520. Als Waibel 1523 besonders heftig den Lebenswandel von Fürstabt Breitenstein und die Beteiligung der Stiftsherren am Ablasshandel anprangerte, kam es beinahe zu Unruhen, die der besonnene Kemptner Bürgermeister Gordian Seuter aber verhinderte. Während des Bauernkrieges gewann die Reformation weitere Anhänger in der Stadt, der Große Kauf befreite die Reichsstadt endgültig von der weltlichen und geistlichen Vorherrschaft des Fürststifts, und der von Seuter dann bewerkstelligte allmähliche Übergang zur Reformation gelang. 1528 galt Kempten als reformatorische Stadt, protestierte mit den anderen evangelischen Reichsständen auf dem Speyrer Reichstag 1529 und nahm 1530 die Confessio Augustana an. Der Anschluss an den Schmalkaldischen Bund erfolgte dann ähnlich wie in Kaufbeuren zunächst als Anlehnung an den Bund und nicht als förmliches Mitglied. Allerdings dominierte in Kempten die zwinglianische Richtung der Reformation und das bedeutete u. a.: Entfernung aller »Götzen« aus den Kirchen, also alle Heiligenbilder, Altarblätter, Statuen etc., wofür sich Jakob Haystung besonders einsetzte. Der Rat der Stadt wollte dafür aber nicht die alleinige Verantwortung übernehmen, sondern ließ die Bevölkerung nach Zünften abstimmen, die sich dann mehrheitlich für eine Abschaffung dieses Kirchenschmucks entschied. In dieser Zeit traten in Kempten auch Wiedertäufer sowie auch Kaspar

Schwenckfeld persönlich auf, der mit seinen schwärmerischen Ansprachen Resonanz in Patrizierkreisen fand. Erst am Vorabend des Schmalkaldischen Kriegs stellte der Rat innerhalb der Stadt wieder eine gewisse Einheit her, indem er Täufer und Schwenckfelder dazu brachte, entweder ihrer Lehre abzuschwören oder die Stadt zu verlassen. 1536 war Kempten nach Unterzeichnung der Wittenberger Konkordie auch förmliches Mitglied des Schmalkaldischen Bundes geworden. Damit hatte sich die Reichsstadt vollständig dem Luthertum angeschlossen und auch politisch eindeutig positioniert.

Isny und Wangen

Pfarrvikar Stüdlin in Isny predigte seit ca. 1524 die neue Lehre, reichte zu Ostern 1525 bereits das Abendmahl in beiderlei Gestalt und wurde dann vom Rat der Stadt vermutlich wegen seines unwürdigen Lebenswandels eingesperrt. Seine beiden Helfer aber predigten im Sinne Luthers weiter, da der eigentliche Stadtpfarrer von Isny, Abt Philipp, keinen geeigneten Pfarrvikar fand. Mit Hilfe des Rats schufen die beiden Prediger eine evangelische Kirchenordnung, und als Abt Philipp auf seinem Besetzungsrecht für die Pfarrvikarie 1531 bestand, zwang ihn der Rat zu dem Zugeständnis, nur neugläubige Priester damit zu betrauen. In den nächsten Jahren war die Reformation in Isny geprägt von der Auseinandersetzung des lutherischen Rats mit dem katholischen Abt. Wiewohl Isny ursprünglich der zwinglianischen Richtung anhing, verpflichtete sich die Stadt der Confessio Augustana 1530. Allerdings fand 1534 auch hier ein Bildersturm im Sinne des Zwinglianismus statt. Die Stadt hatte sich ganz dem Schmalkaldischen Bund angeschlossen und musste 1548 dafür büßen.

Wangen galt 1531 als zwinglianisch, kehrte aber in den folgenden Jahren wieder zur katholischen Konfession zurück und blieb katholisch; im Schmalkaldischen Krieg stand es auf kaiserlicher Seite und musste trotzdem dann die aufoktroyierte kaiserliche Ratsverfassung akzeptieren.

Die anderen Städte im Allgäu blieben katholisch, ihre Landesherren verhinderten die Einführung der Reformation.

Das Allgäu und der Schmalkaldische Krieg

Die Konfrontation zwischen Kaiser Karl V. und den protestantischen Reichsständen nahm in den 1540er Jahren stetig zu, bis in der ersten Jahreshälfte 1545 die Protestanten in Süddeutschland begannen, ein Heer aufzustellen. Zum Bündnis zählten im Allgäu die Reichsstädte Memmingen, Isny, Kempten und mehr bis minder assoziiert Kaufbeuren. Unter der Führung des Landsknechtführers und Feldhauptmanns der Protestanten, Schertlin von Burtenbach, zog ihr ca. 12 000 Mann starkes Heer von Augsburg aus durch das Allgäu, besetzte am 10. Juli 1546 Füssen und wollte in Tirol die Alpenpässe sperren, um den Zuzug von kaiserlichen und päpstlichen Truppen aus Italien zu verhindern. Der schmalkaldische Kriegsrat aber rief Schertlin mit seinen Landsknechten wieder zurück und befahl ihm an der Donau die Vereinigung mit den norddeutschen Kontingenten zu suchen. Also kehrte der Feldhauptmann mit seinen Soldaten wieder um und zog nach Norden. Aber für einen Sommer versuchten die schmalkaldischen Städte Kempten, Isny, Memmingen, Ravensburg, Lindau und Konstanz in den von den Protestanten besetzten Oberallgäuer Gebieten des Hochstifts Augsburg eine neue protestantische Landesherrschaft einzuführen. Da der Kaiser immer weiter Truppenverstärkungen erhielt, wich er im Sommer einer Schlacht mit den Protestanten aus, bis ihr Heer aus Geldmangel sich im Oktober verlief. Ganz Süddeutschland musste sich dem Kaiser beugen, die Allgäuer Städte mussten kapitulieren und wurden zu erheblichen Geldstrafen verurteilt: So musste Memmingen eine Bußzahlung von 50 000 fl. auf sich nehmen. Auch drohten ihnen umfangreiche kaiserliche Einquartierungen, von denen sie sich nur mit viel Geld (Kempten 18 000 fl., Kaufbeuren 7000 fl., Leutkirch 4000 fl.) loskaufen konnten. Der Krieg, der der Bevölkerung einen Vorgeschmack auf den Dreißigjährigen Krieg geben sollte, verlagerte sich nach Norden. Am 24. April 1547 siegte Karl V. bei Mühlberg über die Protestanten und konnte nun beginnen, die evangelische Konfession zurückzudrängen. Für die Allgäuer Städte bedeutete dies, dass sie ihre bisherige zünftische Ratsverfassung verloren und die karolinischen Ratsordnungen des Kaisers annehmen mussten. Ursprünglich wurde damit das Stadtregiment in die Hände von bewährten Patriziern gelegt, die Mitsprache der Zünfte verschwand ebenso wie die durch sie noch ausgeübte Mitsprache der Gemeind. Die so begabten Patrizier gerierten sich katholisch, solange der Kaiser die Macht hatte. Kaum hatte er sie nicht mehr (Fürstenaufstand 1552), kehrten sie zum protestantischen Glauben zurück, behielten aber die anderen kaiserlichen Neuerungen bei. Damit wandelten sich die Stadtregimenter zu Oligarchien, bei denen die Patrizier die wichtigen Posten immer wieder aus ihren Reihen selbst ergänzten. Die Nachteile dieser Machtverteilung in den Städten zeigte sich besonders gegen Ende des Alten Reiches. Von den Allgäuer Städten zählten nach dem Augsburger Religionsfrieden 1555 Kempten, Memmingen, Kaufbeuren und Isny zu den evangelischen Reichsständen, wobei Kempten konfessionell als rein evangelisch gelten konnte; in Memmingen und Kaufbeuren gab es noch katholische Minderheiten, die besonders in Kaufbeuren vom Herzogtum Bayern geschützt wurden.

Neben den einschneidenden und auf längere Sicht nachteiligen Änderungen in der kommunalen Selbstverwaltung der evangelischen Reichsstädte brachte die Reformation für die Städte eine erhebliche Ausweitung der weltlichen Kompetenzen über das religiöse Leben. Die Besetzung der evangelischen Pfarr- und Prädikantenstellen wurde immer mehr zum Politikum, und der (Stadt-)Staat begann das religiöse Leben seiner Untertanen zu überwachen. Die im 16. Jh. zunehmende Prüderie führte mit ihrer Intoleranz zu einem Klima der Bespitzelung und der Denunziation; die zahlreichen Akten der evangelischen Konsistorien in den Allgäuer Städten zeigen, dass bis zum Ende der Reichsstadtzeit oft genug mit voyeuristischer Akribie z. B. bei Ehestandsangelegenheiten vorgegangen wurde. Andererseits bewirkte die Reformation eine gesteigerte Aufmerksamkeit der städtischen Obrigkeit für das Schulwesen. Wohlhabende patrizische Protestanten tätigten jetzt Schul- und Stipendiumsstiftungen, so die Gebrüder Peter und Jos Buffler in Isny für die Heranbildung künftiger protestantischer Geistlicher. Die Aufsicht über das Schulwesen übernahm nun die städtische Obrigkeit, in der Regel wurde ein vom Rat besetztes und beaufsichtigtes Scholarchat gegründet wie in Kempten 1542, das mit Vertretern der weltlichen Obrigkeit und der Pastorenschaft besetzt wurde. Den städtischen evangelischen Schulen erwuchs jedoch bald Konkurrenz in Form der katholischen Lateinschulen.

Gegenreformation und Dreißigjähriger Krieg

Die Reformation hatte sich im Allgäu nur in den Reichsstädten dauerhaft durchsetzen können; die katholisch-geistlichen Reichsstände Fürststift Kempten, Kloster Ottobeuren, Kloster Irsee, Hochstift Augsburg und im Norden die bayerische Herrschaft Mindelheim blieben der lutherischen Lehre unzugänglich. Flächenmäßig gesehen konnte das Allgäu damit als katholisches Gebiet gelten.

Die katholische Gegenreformation setzte hauptsächlich mit und vor allem nach dem Konzil von Trient (1545–1563) ein, auf dem die katholische Kirche Antworten auf die Forderungen und Auswirkungen der Reformation finden wollte. Allerdings blieb diesen Bemühungen zunächst der durchschlagende Erfolg verwehrt. Zwar setzten die Augsburger Bischöfe Kardinal Otto Truchsess von Waldburg (1543–1573) und Heinrich V. von Knöringen (1599–1646) als Nachfolger des Reformationsbischofs Christoph von Stadion – der als »bonus, hilaris et mulierosus« (gutmütig, heiter und weibernärrisch) gegolten hatte – alles daran, durch strenge Visitationen und Strafandrohungen den katholischen Klerus zu bessern, aber Berichte wie z. B. 1614 über die Pfarrer von Untergermaringen und Beckstetten, die miteinander »gesoffen und gefressen« hätten und darüber gerne die Sonntagsmessen ausfallen ließen, oder vom Pfarrherrn von Thalhofen, der sein tägliches Quantum von 10 Maß Wein benötigte und dann im Ort herumpöbelte, konterkarierten natürlich die bischöflichen Bemühungen. Erst mit der Gründung der Dillinger Jesuitenhochschule 1551 für die Priesterausbildung hob sich langsam wieder das Niveau. Aber Vorkommnisse wie das Verhalten des neuen Fürstabts von Kempten, Johann

Seit 2002 erinnert der Schwegelin-Brunnen (Residenz Südostseite) an das Schicksal von Anna Maria Schwegelin, erweitert um eine von Martin Tham-Odstrcil gestaltete Erinnerungsstele von 2018 (Text: Birgit Kata und Wolfgang Petz).

Erhard Blarer von Wartensee, der – 1587 vom Konvent gewählt und auch vom Papst bestätigt – sich während seiner Amtszeit ausschließlich um seine Konkubinen und seine Söhne auf Kosten des Stifts kümmerte, trugen nicht zur Verbesserung des Ansehens bei.

Die Ende des 16. Jhs. immer mehr um sich greifenden Hexenverfolgungen fanden auch im Allgäu statt und hatten ihren Schwerpunkt im südöstlichen Ostallgäu in der Schongauer Gegend. 1589 begannen in Schongau umfangreiche Hexenprozesse: Die Bevölkerung glaubte an Hexensabbate auf dem Auerberg, und Geistliche, die sich gegen das Verbrennen der Frauen wandten, wurden nach München vor den Hofrat zitiert und dort gemaßregelt. Auch im Allgäu wurden Frauen als Hexen verfolgt, so in Marktoberdorf (1591/92), Füssen (1591), Kaufbeuren (1591/92), Oberstdorf (1586/87) und Memmingen (1575); der letzte Hexenprozess fand in Kempten 1775 statt. Jüngere Forschungen haben für das Ostallgäu gezeigt, dass Scharfrichtersippen dort ein ausgeklügeltes Spitzelwesen betrieben, um an den lukrativen Hexenfolterungen und -verbrennungen zu verdienen.

Die durch den Augsburger Religionsfrieden von 1555 geregelte Aufteilung der Konfessionen im Allgäu (evangelisch die Reichsstädte Kempten, Memmingen, Isny und z. T. Kaufbeuren, katholisch die Territorien der geistlichen Reichsstände Fürststift Kempten, Hochstift Augsburg, Kloster Ottobeuren, Kloster Irsee, Herrschaft Mindelheim und Grafschaft Königsegg – Rotenfels) führte mitnichten zu einem friedlichen Zusammenleben. Besonders in Kaufbeuren brach der Konflikt zwischen Katholiken und Protestanten immer wieder auf, entzündete sich an der simultanen Nutzung der Pfarrkirche St. Martin und an der Einführung des Gregorianischen Kalenders und erregte auch die Aufmerksamkeit im Reich. Immerhin erstellte sich damals der evangelisch geführte Magistrat 1604 durch den Umbau eines großzügigen Bürgerhauses, das ursprünglich Kaiser Maximilian I. gehört hatte, die protestantische Dreifaltigkeitskirche. Heute zählt sie zu den ältesten evangelischen Sakralbauten in Südschwaben.

Der Gegensatz zwischen den Konfessionen im Reich spitzte sich immer mehr zu und führte schließlich in die Katastrophe des Dreißigjährigen Krieges. Blieb das Allgäu anfangs noch verschont, so hatten sich die Reichsstände in ihrer Parteiung festgelegt: Das Hochstift Augsburg, das Fürststift Kempten, die Klöster Ottobeuren und Irsee und alle katholischen kleinen

Reichsstände wurden Mitglied der Liga, die Reichsstädte Kempten und Memmingen schlossen sich der evangelischen Union an. Letztere handelten eigentlich gegen die politische Vernunft, denn sie lagen, umschlossen von katholischen Territorien, fern jeglicher protestantischen Unterstützung – zudem führte ihr kaiserlicher Stadtherr die katholische Liga! Memmingen bekam als erstes die Konsequenzen dieser Entscheidung zu spüren, als es 1619 im April 1000 Kürassieren, die Erzherzog Leopold von Österreich gegen die Union führte, Quartier geben musste. Schließlich brachten diese Erfahrung sowie kaiserliche Versprechungen, in Zukunft von allen Einquartierungen verschont zu bleiben, die Städte 1621 dazu, die Union wieder zu verlassen; fast unnötig zu bemerken, dass diese Zusicherungen das Papier ihrer Aufzeichnung nicht wert waren.

In den folgenden Jahren waren die Allgäuer Städte immer wieder Ziele von Einquartierungen der kaiserlichen Soldaten; 1628 entstanden Kempten darüber Kosten von 170 000 fl., Kaufbeuren zahlte im gleichen Jahr fast 40 000 fl. Quartierslasten. Das Restitutionsedikt von 1629 vertrieb die Kaufbeurer Protestanten aus ihrer Stadt, die damit wirtschaftspolitischen Selbstmord beging. Die Bischöfe von Augsburg und Konstanz stritten sich um die Übernahme der »Ketzerstadt« Kempten. 1630 bezog dann der kaiserliche Generalissimus Albrecht von Wallenstein in Memmingen sein Sommerquartier, dort erhielt er auch seine Amtsentlassung durch den Kaiser auf dem Kurfürstentag in Regensburg. Erst mit dem Eingreifen Schwedens ab Juli dieses Jahres wendete sich das Blatt für die Protestanten, und das Allgäu wurde richtiger Kriegsschauplatz.

Es ist im vorgegebenen Rahmen nicht möglich, alle einzelnen Kriegshandlungen, die sich nun bis 1634 im Allgäu abspielten, nachzuerzählen. In ihrer ganzen Not wirken sie jedoch wie ein Vorspiel zu den dann kommenden Kriegsereignissen. Durch König Gustav Adolfs Sieg in der Schlacht bei Rain am Lech 1632 lag das Land offen für die protestantischen Truppen, und Herzog Bernhard von Weimar stieß bis ins Oberallgäu vor. Fast kein Allgäuer Dorf wurde von den Gräueln verschont, und die heute noch erhaltenen Archivalien aus dieser Zeit bestätigen die bedrückenden örtlichen Überliefe-

Der geharnischte Reiter – Radierung aus dem Dreißigjährigen Krieg von Hanns Ulrich Franck.

rungen. Gleichzeitig wütete die Pest und dezimierte Stadt- und Landbevölkerung. Die katholischen Gegenangriffe 1633 blieben erfolglos, erst die für die Liga siegreiche Schlacht von Nördlingen 1634 und der darauf erfolgende Rückzug der Schweden und der Unionstruppen milderte den Kriegsdruck auf das Allgäu. Dennoch ließen die Drangsale der Bevölkerung in Stadt und Land, die schon lange nicht mehr zwischen Kaiserlichen und Protestanten unterschieden – eine Wahl zwischen Pest und Cholera! –, nicht nach, die Verelendungen begannen ein beängstigendes Maß anzunehmen. Es waren keine Jahre der Erholung, bis 1646 auch durch das Allgäu die in der Zwischenzeit verbündeten Schweden und Franzosen an den Lech marschierten, um von dort das Bündnis zwischen Bayern und Österreich zu sprengen. Die Schweden nahmen nun im Allgäu verstärkt Zwangsrekrutierungen vor, mehr noch als 14 Jahre vorher litt das Land jetzt unter den Kriegszügen. Als im Verlauf des Jahres 1648 die bayerisch-österreichischen Truppen vom Lech her langsam die Franzosen und Schweden Richtung Westen trotz militärischer Rückschläge aus dem Allgäu drängten, erreichte die Qual der Bevölkerung wohl ihren Höhepunkt, und die Friedensnachricht aus Westfalen vom 24. Oktober 1648 wurde nur noch mit allenfalls erleichterter Apathie aufgenommen. Bisher fehlt eine archivalisch fundierte Bearbeitung der Kriegsschäden im Allgäu, aber ein zeitgenössischer Chronist gibt ein beredtes Zeugnis: »In Ruinen liegende, bettelarme, ehedem gewerbereiche, lebensfreudige Städte […]. Hunderte von Dörfern sind zerstört und verlassen. Sehr viele sind ganz verschwunden. Ein lebensüberdrüssiges, totgequältes, verderbtes und verzweifelndes Volk, Räuberbanden ohne Zahl, zumal nach der Abdankung des entmenschten Kriegsvolks.«

Erst 1650 hörten auch die letzten Einquartierungen und Kontributionen auf, immerhin hatte der Schwäbische Reichskreis bis zur völligen Bezahlung aller Forderungen an die Krone Schwedens Einquartierung und Unterhalt von 14 schwedischen Regimentern in seinem Bereich zu dulden. Dann konnte der Wiederaufbau des verwüsteten Landes beginnen.

Konsolidierung und Ausklang – Barocke Pracht und Ende des Alten Reiches

Die politische Bedeutung des Allgäus war mit dem Ende des Dreißigjährigen Krieges nochmals gesunken. Das zeigte sich zunächst während des Spanischen Erbfolgekriegs (1701–1714), als das Allgäu in den politischen Überlegungen des bayerischen Kurfürsten Max Emanuel (1662–1726) eine gewisse Rolle spielte: Er träumte nämlich von einem territorial geschlossenen bayerischen Königreich zwischen Enns und Oberrhein, zu dem unter anderem auch die Reichsstädte Augsburg, Nürnberg und Regensburg sowie das Hochstift Augsburg und das übrige Allgäu gehören sollten. Zwar brachte der Kriegsverlauf von 1702 bis 1704 (Schlacht bei Höchstädt) ein anderes Ergebnis, aber Memmingen spielte nach seiner Einnahme durch Max Emanuel für die bayerischen Kriegspläne eine wichtige Rolle, war 1703 sogar für etliche Wochen im Herbst Hauptquartier für den bayerischen Kurfürsten. Im Gegenzug besetzten die Kaiserlichen Stadt und Stift Kempten, bis sie von Bayern und Franzosen von dort Mitte November vertrieben wurden. Im westlichen Allgäu bezogen um diese Zeit dann die Kaiserlichen Winterquartier, in Wangen nannte man den Winter von 1703/04 wegen der auszehrenden Einquartierung von ca. 1000 Mann sächsischer Reichstruppen den »Sachsenwinter«. Auch Füssen litt in diesem Jahr unter wechselnden Besatzungen von Österreichern und Franzosen, bis Letztere im Dezember 1703 die Stadt endgültig verließen.

Lediglich das mittlere und nördliche Ostallgäu blieben unbehelligter, sieht man von diversen Husarenstreifzügen ab. Das bedeutete aber nicht den Verzicht auf Kontributionen: Kaufbeuren musste 12 000 fl. aufbringen, der Stadt Kempten kosteten die Einquartierungen ca. 230 000 fl., das Stift Kempten hatte rund 700 000 fl. in Rechnung zu stellen, und am ärgsten traf es die Stadt Memmingen, die rund 800 000 fl. Kriegskosten zu begleichen hatte.

Im Österreichischen Erbfolgekrieg (1741–1748) war das Allgäu wiederum teilweise Schauplatz von Truppendurchzügen, Besetzungen und Kontributionen, obwohl doch der Schwäbische Reichskreis für sein ganzes Kreisgebiet die Neutralität erklärt hatte. Doch waren die Kriegseinwirkungen auf das Allgäu eher glimpflich, und mit dem Frieden von Füssen am 22. April 1745 zwischen Bayern und Österreich war für das Allgäu auch dieser Krieg vorbei. Erst mit den Franzosenkriegen am Ende des Jahrhunderts kamen wieder fremde Soldaten ins Allgäu.

Beide Kriegsverläufe zeigen deutlich, dass die Allgäuer Städte kein politisches Gewicht mehr hatten, zwischen Bayern, Württemberg und Österreich waren sie wie das ganze Allgäu nur mehr Objekte im politischen Spiel.

Der Schwäbische Reichskreis

Vor diesem Hintergrund wird man wohl auch die Rolle des Schwäbischen Reichskreises sehen müssen, der seinen politischen Auftrag, wie ihn Kaiser Maximilian I. bei seiner Gründung gesehen hatte, durchaus ernst nahm: Landfriedensbewahrung, Lebensmittelversorgung in Notzeiten, Abwehr drohender Instabilität und fakultative Vermittlung zwischen streitenden Reichsständen innerhalb des Kreisgebietes. Außerdem war der Reichskreis noch für die Stellung der Kreistruppen für das Reichsheer zuständig und unterhielt seit 1697 als einziger Reichskreis ein eigenes stehendes Heer. Zu den Truppen dieses Kontingentes (vier Infanterie- und zwei Kavallerieregimenter) mussten die Allgäuer Reichsstände unterschiedliche Mannschaftszahlen stellen, die immer wieder neu festgelegt wurden. So entsandten u. a. 1732 das Fürststift Kempten 123, die Reichsstadt Kempten 43, das Hochstift Augsburg für seine Allgäuer Pflegämter insgesamt 523 und das Kloster Irsee 45 Mann zu den Fußtruppen, die Reichsstadt Kaufbeuren 8, die Reichsstadt Wangen 6, das Kloster Irsee 8 und die Reichstadt Memmingen 22 Berittene samt Pferd. Im Bedarfsfall rekrutierten dann diese Kreisregimenter in den ihnen zugewiesenen Dörfern, wie z. B. die Irseer Akten zeigen, selbstständig unter den unverheirateten Männern zwischen 16 und 40 Jahren und ließen sie dazu sozusagen um ihr Leben würfeln, denn der Einzug zum Militär bedeutete damals in der Regel den vorzeitigen Tod.

Das Allgäu zählte zu den geschlossenen Territorien, die nicht von anderen Gebieten unterbrochen waren. Der Kreis war in Viertel organisiert, und das Allgäu gehörte mit dem übrigen Ostschwaben zum Augsburger Viertel unter dem Vorsitz des Augsburger Bischofs, der zumindest nominell auch die Sitzungen des Kreiskonventes leitete. Eine über den Kreis hinausreichende europäische Außenpolitik sah der Schwäbische Reichskreis nicht als seine Aufgabe an. Er, genauer: sein Augsburger Viertel, kümmerte sich im Allgäu durch die Organisation der Landstreifen, seitdem der Kreiskonvent 1689 eine entsprechende Einrichtung angeregt hatte. Aus der 1750 überlieferten »Straiff=Route« für das Irseer Klosterland und dem Kaufbeurer Gebiet geht hervor, dass eine Streife zu fünf Reitern unter Anführung eines Offiziers aus der Wachmannschaft des Buchloers Kreis-Zuchthauses z. B. von Apfeltrang, Märzisried, Oberbeuren, Ingenried, Irpisdorf, Frankenhofen, Schlingen, Rieden, Pforzen nach Irsee ritt, sich bei den Dorfammännern jeweils meldete und ihren Aufenthalt quittieren ließ und nach Räubern, Landstreichern, Bettlern und anderem fahrenden Volk Ausschau hielt. Besonders nach dem Dreißigjährigen Krieg war dieser Bevölkerungsteil der Obrigkeit ein arger Dorn im Auge und in immer wieder erneuerten Mandaten und Verordnungen versuchte man, sie aus dem eigenen Territorium fernzuhalten, ohne dass ein nennenswerter Erfolg erzielt wurde.

In der Mitte des 18. Jhs. wurde den Kreisvierteln auch die Kompetenz für den Straßenbau übertragen, doch wurden deren Aktivitäten von den Reichsstädten nicht immer geschätzt und sogar abgelehnt, wie es das politisch weitblickende Kaufbeuren tat. Kosten und Ausbau der bearbeiteten Straßenabschnitte mussten die jeweiligen Landesherrschaften übernehmen, wobei das Reichsstift Irsee (1782) auf Kinderarbeit nicht verzichten wollte.

Trotz dieser überterritorialen Aktivitäten bildete sich im Allgäu kein auch in Ansätzen einheitlich zu nennendes Regionalgefühl aus; die gebiets- und herrschaftsmäßige »Kleinkammerung« (Rolf Kießling) überwog.

Neben dem im Verlauf der Geschichte eher gastspielartig zu nennenden Herrschaftswechsel der Herrschaft Mindelheim, die von 1705 bis 1714 John Churchill, dem ersten Herzog von Marlborough, gehörte, bevor sie dann wieder zu Bayern zurückkehrte, gab es nach dem Dreißigjährigen Krieg lediglich eine weitere gravierende Veränderung dieser Art. Mit dem Vertrag vom 14. Juni 1692 löste das Kloster Irsee bei seinem Vogt, dem Fürststift Kempten, alle noch bestehenden Oberrechte und die Vogteigewalt für insgesamt 24 000 fl. ab und erwarb neben der eigenen Hoch(Blut-)gerichtsbarkeit damit die vollständige Reichsstandschaft, die ihm Kaiser Leopold mit Urkunde vom 29. März 1694 auch bestätigte. Die letzte Bestätigung dieser Art stammte von Kaiser Franz II. vom 23. September 1793. Damit war im Allgäu die Reichsstandschaftsbildung endgültig abgeschlossen und veränderte sich bis zum Ende des Reiches nicht mehr.

Grundherrschaft und Einwanderung

Um die erheblichen Bevölkerungsverluste des Dreißigjährigen Krieges auszugleichen, ließ man in die Gebiete der Klöster Kempten und Irsee Einwanderer aus der Schweiz, aus Vorarlberg, Tirol und auch aus dem Elsass ansiedeln. Allerdings wurden die überkommenen Grundleiheformen beibehalten, da wollte man den Neusiedlern – wie z. B. die Forschungen zum Kloster Irsee zeigen – nicht entgegenkommen. Außerdem sorgte man dafür, dass es nur katholische Einwanderer waren. Insgesamt war die Zahl nie so groß, dass sich ein Integrationsproblem ergeben hätte.

Für die protestantischen Reichsstädte ergab sich erst im 18. Jh. ein bescheidener Zuzug, als 1731/32 aus dem Salzburgischen vertriebene protestantische Exilanten auf dem Weg in eine neue Heimat durch das Allgäu zogen. Zwar wurden sie von

DIE VEREINÖDUNG

Die vor allem im Oberallgäu vorgenommene Vereinödung blühte nach dem Dreißigjährigen Krieg wieder auf und kam dann im 18. Jh. zu ihrem Ende. Sie bedeutet, dass Bauernhöfe aus dem Siedlungsverband des Dorfes herausgelöst werden und sich an einer eher einsamen Stelle (Einöde) möglichst inmitten der zum Hof gehörigen Felder neu ansiedeln. Miteinher geht eine Art Flurbereinigung, um aus den oft verstreut in der Dorfflur liegenden Feldern durch Tausch und Arrondierung geschlossene Bebauungsflächen um die neuen Höfe herum zu erhalten. Von den zahlreichen bäuerlichen und grundrechtlichen Aspekten dieses Vorgehens spielt die Befreiung vom Flurzwang und von Grunddienstbarkeiten eine große Rolle. Ohne Einverständnis mit den Grundherren war dieses Vorgehen natürlich nicht realisierbar. Während im Ostallgäu die Vereinödung fast nicht verbreitet war, wurde sie vom Fürststift Kempten und vom Kloster Ottobeuren fast 250 Jahre lang mit Unterbrechungen betrieben. Natürlich hatten auch die Grundherren ihren Vorteil im Auge: Bei den neuen Höfen konnten Leiheverhältnisse neu gestaltet und die Abgaben neu festgesetzt werden, außerdem verdienten die Kanzleien an den Neuverbriefungen. Die dafür notwendige Weiterentwicklung der Feldvermessung wurde vor allem vom Kloster Ottobeuren im mathematischen Bereich im 18. Jh. weiterentwickelt. Schließlich erfuhr die Vereinödung 1791 durch die stiftkemptische Verordnung dazu eine allseits anerkannte Kodifizierung. Insgesamt wurden im Allgäu 1235 Vereinödungen durchgeführt, sie prägen das Landschaftsbild mit den zahlreichen Weilern, oft malerisch auf den Moränenhöhenrücken erbaut, bis heute.

den protestantischen Städten in der Regel gut aufgenommen und verpflegt, aber die katholischen Reichsstände im Allgäu achteten mit ausgesuchter Feindseligkeit gegenüber den Vertriebenen sehr genau darauf, den Heimatlosen ein eindrückliches Beispiel von katholischer Caritas zu vermitteln. Nur wenige blieben in den protestantischen Reichsstädten, und damit war für sie und auch für die katholischen Reichsstände die Möglichkeit dahin, mit ausgebildeten und arbeitsfähigen Menschen den inneren Landesausbau wesentlich voranzubringen.

Für das Fürststift Kempten hatte der von Fürstabt Roman Giel von Gielsberg seit der Grundsteinlegung 1652 vorangetriebene Neubau von Stiftskirche St. Lorenz und dem Konvent erhebliche Folgen im Verhältnis zu seinen Untertanen. Der Finanzbedarf war bei dem aus dem Krieg noch herrührenden Schuldenstand von 500 000 fl. mit einem geforderten Jahresaufkommen von 50–60 000 fl. nämlich enorm, sodass sich unter der stiftkemptischen Bauernschaft Unruhe breit machte. Die Auseinandersetzungen zogen sich durch das ganze restliche 17. Jh. Erst Fürstabt Anselm von Reichlin beendete sie unter kaiserlichem Druck mit Abschluss des sog. Landrezesses vom 16. Februar 1732. Damit wurde nun aus den stiftkemptischen Pflegeämtern eine landständische Vertretung gebildet, die in Steuer- und Abgabenfragen Mitwirkungsrecht hatte und verhüten sollte, dass die Steuern und Abgaben der Untertanen willkürlich erhoben und anders als zum Zweck der Landeswohlfahrt ausgegeben wurden.

Barockbauten der Klöster, höfische Kultur, Stagnation der Reichsstädte

Die großen barocken Ausgestaltungen der Klöster Kempten, Ottobeuren, Irsee und Füssen sind bis heute ein unübersehbares Zeugnis für die vielgestaltige Einheitlichkeit des Denkens und Fühlens der Zeit nach dem Dreißigjährigen Krieg, als in einem bis heute nicht mehr erreichten Zusammenwirken von äußerer Form und innerem Glauben sich die *ecclesia triumphans* mit dem allzu menschlichen Streben nach äußerer Pracht und Ansehen verband.

Die kunsthistorische Würdigung dieser Bauten wurde und wird in entsprechenden Publikationen seit über 150 Jahren vorgenommen und muss hier nicht nachvollzogen werden. Für das Allgäu und seine Bewohner waren zu dieser Zeit andere Aspekte wichtiger. Durch den wesentlich erhöhten Finanzbedarf für die Barockbauten, die in Größe und Umfang natürlich auf Eindruck und Repräsentanz hin konzipiert wurden, war eine differenzierte Ausgestaltung des Staatsapparates, sprich:

Barock in klösterlicher Vollendung: das Kloster Ottobeuren.

der Verwaltung notwendig. Besonders am Beispiel des Fürststifts Kempten, als dem größten der geistlichen Allgäuer Reichsstände, wird dies offensichtlich. Die Behörden werden nach dem Kollegialitätsprinzip als Hofrat, später Geheimer Rat, für Außenpolitik, Verwaltung und Rechtsprechung, als Hofkammer für die Finanzverwaltung, als Oberlehenpropstei für die Lehens- und Liegenschaftsverwaltung, bis zu den Ämtern für Jagd, Forstwesen und Gartenbau ausgebildet und mit dem Hofstaat verzahnt. Eine ähnliche Entwicklung war in Ottobeuren, nur sehr bedingt jedoch in Irsee, zu beobachten, die Größe des Territoriums spielte eine Rolle. Den Zentralbehörden waren die Pflegämter nachgeordnet, die über die Dorf- und Hauptmannschaften die Territorialverwaltung bis zur Ebene der Dörfer und Weiler wahrnahmen.

Unter Zeitgenossen galt der Hofstaat des Kemptner Fürstabtes als prächtig und umfangreich. Neben den Vertretern der Administration zählten zu ihm natürlich die Mitglieder des Konvents (Stiftsherren), die Stäbe des Obersthofmeisters, des Oberstallmeisters, des Oberjägermeisters, der Hofmusik und der Gesundheitsfürsorge für Leibbarbiere und Chirurgen. Die

Barocker Glanz – geplanter Lustgarten im stiftkemptischen Schloss Wagegg.

Aufzählung könnte noch leicht um die Hofküche, die Edelknaben und um die Bierbrauer erweitert werden und hätte immer noch kein Ende. Die meisten Beschäftigten dieses Hofstaats lebten in der Kemptner Stiftsstadt, streng getrennt von der Reichsstadt. Die Reichsstadtbürger dagegen durften das Gewehr präsentierend die Prachtentfaltung des Fürstabten bestaunen.

Im Gegensatz zu den geistlichen Fürstentümern konnten die Allgäuer Reichsstädte nach den Verheerungen des Dreißigjährigen Kriegs nicht mehr an ihre alte Stellung anknüpfen, ihre Macht war dahin. Die größeren Städte Kempten und Memmingen waren im Schwäbischen Reichskreis, Augsburger Viertel, nicht ausschreibungsberechtigt, Kempten saß bei den Versammlungen in Ulm bei 31 Städten an 16. Stelle auf der Städtebank – hinter Memmingen, Lindau und Dinkelsbühl, aber noch vor Kaufbeuren. Eine eigenständige Rolle spielte es da nicht und es ließ sich aus Kostengründen gerne von anderen Städten vertreten. Auch auf dem Immerwährenden Reichstag zu Regensburg erschien es weitgehend unbedeutsam; dort musste es sich im reichsstädtischen Kollegium mit 37 anderen Städten auf der Schwäbischen Bank eine Kuriatstimme teilen. In Regensburg ließ sich Kempten normalerweise ebenfalls von anderen Städten (Ulm, Memmingen) oder vom Direktorium vertreten. Ähnlich war es auch um Kaufbeuren und Isny bestellt.

Die Wirtschaftskraft der Allgäuer Reichsstädte speiste sich in diesen Jahrhunderten aus Gewerbe und Handel, die Hauptrolle spielte wie vor dem großen Krieg die Textilherstellung. Die Allgäuer Leinenerzeugung richtete sich nach dem schweizerischen St. Gallen aus, das nicht nur aus dem Allgäu die »Schwabenleinwand« bezog, sondern auch einen Absatzmarkt für die bäuerliche Garnspinnerei darstellte. In Immenstadt und Sonthofen gab es im 18. Jh. Webwarenschauen, in Kaufbeuren hatte man wieder die traditionelle Barchent-Erzeugung aufgenommen. In der zweiten Jahrhunderthälfte richtete sich dann die Allgäuer Textilproduktion am Augsburger Vorbild der Manufakturen aus. In den Städten Kempten und Kaufbeuren wurden Leinwand- und Barchent-Manufakturen errichtet, das Fürststift eröffnete 1760 in Grönenbach eine Kattun-Manufaktur, die die Garne der Spinnerei in der Stiftsstadt abnahm. In dieser Phase der Protoindustrialisierung in der Textilherstellung zeichneten sich auch die entsprechenden sozialen Spannungen ab. In allen Allgäuer Städten kam es immer wieder zu massiven Streitigkeiten zwischen den Webern und den Verlagsherren, die die Magistrate so gut wie möglich beizulegen versuchten. Lag in Kaufbeuren und Kempten der Schwerpunkt auf Textilerzeugung und -handel, so herrschte in Memmingen der Salzhandel vor, profitierend vom Ost-West-Straßenverlauf Landsberg/Lech – Buchloe – Memmingen – Lindau, bei dem die Memminger hauptsächlich mit der kurbayerischen Hofkammer und den diversen Subunternehmern in München zusammenarbeiteten.

Die großen Patrizierfamilien der Allgäuer Städte (Jenisch, König und Kesel in Kempten; Heinzelmann, Wagenseil und Wörl in Kaufbeuren; Hartlieb, Lupin, Daumiller und Grimmel in Memmingen) betrieben den Fernhandel, stellten die Verbindungen der Allgäuer Städte mit dem deutschen und europäischen Ausland her, und sie hatten die größte Finanzkraft in ihren Städten. Man wird ihre Namen in vielen süddeutschen Handelsgesellschaften des 18. Jhs. finden.

Für eine erfolgreichere wirtschaftliche Entwicklung gerade in der zweiten Jahrhunderthälfte waren nicht nur die auf dem alten Zunftwesen basierende Wirtschaftsordnung hinderlich, zu der auch die überkommene ständisch-feudale Gesellschaftsordnung mit Leibeigenschaft und Grunduntertänigkeit trat, sondern in den Reichsstädten besonders die alte karolinische Ratsordnung Karls V. War sie bei ihrer Einführung um 1550 schon sehr rückwärtsgewandt, so hatte sie sich in den folgenden Jahrhunderten zur reinen Oligarchie entwickelt: Die Magistrate hielten die Stadtherrschaft ohne Rücksicht auf Können und Befähigung für die einzelnen Ämter fest in ihren Händen, sie ergänzten sich aus ihren Reihen, und die Stadtbevölkerung war zum Untertanen ohne irgendeine Beteiligung an der Stadtherrschaft herabgesunken.

Besonders eingreifend waren auch die Umsetzungen des Westfälischen Friedens (1648) in den gemischtkonfessionellen Städten. Kaufbeuren bietet hier ein besonders nachdrückliches Beispiel, denn es war den Bewohnern und dem Magistrat bis zum Ende des Alten Reiches unmöglich, in Frieden und Toleranz innerhalb der eigenen Stadtmauern zu leben.

Auch wenn also der wirtschaftlichen Entwicklung des Allgäus in diesen Jahrzehnten durch die Beachtung der überlieferten Strukturen enge Grenzen gesetzt waren – im Gegensatz zu den Wirtschaftsmöglichkeiten der großen Territorialstaaten im Reich (Preußen, Österreich, Bayern, Württemberg) –, so wurde doch auch hier das Gedankengut der Aufklärung so nach und nach aufgenommen. In Kempten bildete sich in den 1770er Jahren um den Stadtarzt Christoph Jakob Mellin und den Predigern Leonhard Friedrich Dürr und Johann Georg Lunz ein aufklärerischer Zirkel, der Vernunft und Offenbarungsglauben miteinander ausgleichen wollte. Johann Martin Abele vertrieb in Kempten in seiner Typographischen Anstalt (Druckerei und Verlag) Schriften der Aufklärung, sein Nachfolger Joseph Kösel schuf 1786 mit der »Frauenzimmer-Zeitung« eine Neuerscheinung, an der die in Kaufbeuren geborene Sophie Gutermann, spätere Sophie de La Roche, als erste große deutsche Schriftstellerin, ihre Freude gehabt hätte.

SOPHIE DE LA ROCHE, DIE GROSSE SCHRIFTSTELLERIN AUS DEM ALLGÄU

Am 6. Dezember 1732 wurde dem damaligen Kaufbeurer Stadtphysicus Dr. Georg Friedrich Gutermann die Tochter Marie Sophie geboren, die am Ende ihres Lebens 1807 im ganzen literarischen Deutschland als die Schriftstellerin und Salonnière Sophie de La Roche bekannt war. Die Feststellung, dass mit ihr als gebürtiger Allgäuerin die deutsche Literatur von Frauen nicht nur weiterhin rezeptiv, sondern von jetzt an auch selbstständig schöpferisch gestaltet wurde, ist nicht von der Hand zu weisen.

Die aufgeweckte Tochter des aufklärerisch-pietistisch eingestellten Kaufbeurer Stadtarztes erhielt den ersten Unterricht vom damals in Kaufbeuren wirkenden Philosophiehistoriker Johann Jakob Gutermann. 1743 zog die Familie dann nach Augsburg, wo Sophie – ab 1750 hielt sie sich in Biberach a.d. Riß auf – zusammen mit ihrem etwas jüngeren Cousin Christoph Martin Wieland die empfindsame Literatur ihrer Zeit entdeckte und in sich aufnahm.

Durch ihre Heirat 1753 mit dem kurmainzischen Hofrat Georg Michael Frank von La Roche und dem sich daraus entwickelnden Gesellschafts- und Familienleben war sie Teil des höfisch-bildungsbürgerlichen Lebens des Kurmainzer Hofes. Ab 1768 fiel ihr Mann nach und nach in Ungnade, und die wirtschaftliche Situation der Familie verschlechterte sich. 1771 hatte Sophie de la Roche ihren ersten Roman »Das Fräulein von Sternheim« veröffentlicht und trug mit ihrer schriftstellerischen Arbeit fortan zum Unterhalt bei bzw. bestritt ihn ganz. Der Roman war ein großer Erfolg. Neben ihrem umfangreichen schriftstellerischen Œuvre widmete sie sich auch mit ihrer Zeitschrift *Pomona für Deutschlands Töchter* (1783–1784) in aufklärerischer und emanzipatorischer Art der weiblichen bürgerlichen Jugend. In den damaligen literarischen Zirkeln war sie bekannt und geschätzt, mit Goethe und Schiller pflegte sie ihre Bekanntschaft. Bettina von Arnim und Clemens Brentano waren ihre Enkel. Sophie de La Roche starb am 18. Februar 1807 in Offenbach.

Die Dichterin Sophie de La Roche mit ihrer Tochter Maximiliane und deren Ehemann Peter Anton Brentano, etwa 1773/74.

De La Roches Vater, der Kaufbeurer Stadtphysikus Georg Friedrich Gutermann, hatte um 1740 eine neue Hebammenordnung für die Reichsstadt ausgearbeitet und eingeführt, die wegweisend war. Unterricht erhielt die junge Sophie übrigens auch von dem zu dieser Zeit in Kaufbeuren wirkenden Johann Jakob Brucker, der sich u. a. mit seinen philosophiegeschichtlichen Publikationen im 18. Jh. in ganz Europa einen hervorragenden Namen machte. Darüber sollte aber auch der Ausdruck aufrichtiger und tiefer Volksfrömmigkeit nicht übersehen werden, wie er sich in Kaufbeuren im Leben der 2002 heiliggesprochenen Cresentia Höß (1682–1744), Klosterfrau des dortigen Franziskanerinnenklosters, und in ihrer sofort nach ihrem Tod einsetzenden Verehrung manifestierte und noch heute zeigt.

Franzosenkriege und Reichsdeputationshauptschluss

Im Spätsommer 1789 klang es noch weit weg und keinesfalls bedrohlich: »In diesem Jahr ist die Revolution in Frankreich und zu Lüttich passirt. Im Kleinen auch zu Trier [...] Gegen Ende des Augusts und Anfang September Monats, haben die Mäuse auf den Hofaengern dem tausend nach sich vermehrt, aller unterwühlten und dadurch den Gromat großen Schaden gethan«. So hielt der Kaufbeurer Chronist Wolfgang Ludwig Hörmann von und zu Gutenberg die Französische Revolution nicht nur chronikalisch, sondern auch in der damaligen ersten politischen Einschätzung im Allgäu fest. Allerdings kamen in diesem Sommer auch die ersten Flüchtlinge aus Frankreich in Kempten an, die von der neuen Ordnung der Revolution erzählten, aber auch von ihren Schrecken.

Die Vorgänge in Frankreich ließen die Monarchien in Preußen und vor allem Österreich nicht unbeteiligt, die zusammen auf die französische Kriegserklärung vom 20. April 1792 reagierten. Auch die Allgäuer Reichsstände mussten nun mobilisieren, und am 28. November 1792 rückten die ausgehobenen Truppen nach Offenbach und Kehl ab, um dort die Kontingente des Schwäbischen Reichskreises zu verstärken. Außerdem wurde das Allgäu wieder Durchzugsgebiet für die kaiserlichen Soldaten, die die Habsburger an den Rhein schickten. Der Krieg, von dem das Allgäu noch verschont blieb, endete im Frieden von Basel vom 5. April 1795, bei dem sich Preußen von Frankreich geheim zusichern ließ, seine linksrheinischen Gebietsverluste mit anderweitigen rechtsrheinischen Territorien entschädigen zu können. Preußen war damit für zehn Jahre aus dem Krieg ausgeschieden. In Süddeutschland kämpfte Österreich, das Reich und die verbündeten norditalienischen Fürstentümer weiter gegen Frankreich. Die Rekrutierungen im Allgäu nahmen zu, der Schwäbische Reichskreis verlangte weitere 4000 Mann, die Musterungen wurden ausgedehnt. Gleichzeitig nahm die Belastung durch Einquartierungen zu, der Schuldenstand der Allgäuer Reichsstände stieg unaufhörlich. In Kempten (Stift und Stadt) waren bis dahin über 300 000 fl. für Rüstungen, Kontributionen und

Brandschatzungen aufgelaufen, den anderen Allgäuer Reichsständen erging es nicht besser. »Kein Gewerb, kein Handel, die Handwerksleuthe dahero ohne Arbeit, allgemeiner Geldmangel, kein Credit und das schon lang, das ist eine große Noth!«, notierte der Kemptner Chronist Gebhart.

Es sollte noch schlimmer kommen. Der Friedensschluss von Campo Formio vom 17. Oktober 1797 brachte für Frankreich alle restlichen linksrheinischen Gebiete und in einem wieder geheimen Artikel die Möglichkeit der Entschädigung Österreichs mit rechtsrheinischen Territorien. Im Allgäu atmete man etwas auf, schließlich war es den ganzen Sommer 1797 Kriegs- und Kampfgebiet gewesen, wobei sich die Truppen wie im Dreißigjährigen Krieg am Land und an den Bewohnern schadlos hielten.

In der Zwischenzeit nahm auf dem Rastatter Kongress der Entschädigungsplan langsam Gestalt an, bei dem das Kurfürstentum Pfalzbayern unter anderem auch mit dem Allgäu für seine linksrheinischen Verluste entschädigt werden sollte.

Zuvor musste aber nochmals Krieg mit Frankreich geführt werden. Die Alliierten (Österreich, Russland und Großbritannien) wurden nach Anfangserfolgen von den Franzosen zurückgedrängt, Napoleon siegte in Oberitalien und die Schlacht am 2. Dezember 1800 bei Hohenlinden östlich von München zwischen Österreich und Frankreich entschieden Letztere für sich. Es kam zum Friedensschluss von Lunéville am 9. Februar 1801, der auch die Entschädigung für die verlorenen linksrheinischen Gebiete festlegte. In den sich nun anschließenden Verhandlungen, wer welche Gebiete zur »Recompensation« erhalten sollte und die in Regensburg, besonders aber in Paris geführt wurden, erwies sich die kurbayerische Diplomatie als schneller, wendiger, bestechungsfreudiger – und konnte ein in sich stimmiges Konzept vorlegen, das vor allem Frankreich, dann aber auch Russland und ein wenig auch Preußen überzeugte. Es war vom fähigsten Staatsmann Bayerns in seiner ganzen Geschichte, Maximilian von Montgelas (1759–1838), entworfen worden und sah eine Vergrößerung Bayerns nach Norden, Nordwesten und Westen vor, zumeist auf Kosten der geistlichen, aber auch der kleineren weltlichen Reichsstände.

Allegorie auf den Friedensschluss von Lunéville 1801: Germania wird von der Friedensgöttin getröstet.

Vor allem dem bayerischen Trauma einer Überwältigung und Einverleibung durch Österreich wurde darin Rechnung getragen und man verzichtete deshalb auf fast alle habsburgischen Gebiete. In den bayerischen Überlegungen spielte das Allgäu eine wichtige strategische Rolle: Zum einen war es als Landverbindung zum Bodensee und in die Schweiz für den bayerischen Salzhandel von großer wirtschaftlicher Bedeutung; zum anderen stellte es eine Sperre gegen österreichisches Ausgreifen von Tirol und Vorarlberg her in den oberschwäbischen Raum dar.

Letzten Endes wurden die Verhandlungen über die staatliche Zukunft der Allgäuer Reichsstände ohne ihre Berücksichtigung vom Sommer 1801 bis zum 3. Juni 1802 in Paris zwischen Bayern und Frankreich, zuletzt nur noch zwischen Frankreich und Russland geführt. Die an diesem Tag abgeschlossene französisch-russische Konvention legte u. a. die Übernahme des Allgäus und seiner Reichsstände durch Bayern fest. Der daraufhin von Österreich eiligst (!) einberufenen Reichsdeputation, die sich gemächlich mit der Entschädigungsfrage beschäftigen sollte, blieb in Regensburg gar nichts anderes mehr übrig, als am 24. März 1803 die obige französisch-russische Konvention als Reichsdeputationshauptschluss zu bestätigen und als Reichsrecht festzusetzen. Da war das Allgäu schon bayerisch.

Im Frühjahr 1802 reifte in den Kanzleien und Amtsstuben der Allgäuer Reichsstände die Erkenntnis, dass ihre Mediatisierung unmittelbar bevorstand und es kein politisches Mittel mehr dagegen gab. Im August 1802 hatte Max IV. Joseph (1756–1825) die benachbarten Reichsstände, u. a. auch das Herzogtum Württemberg, über seine beabsichtigte Expansion benachrichtigt, darunter waren auch die im Allgäu davon betroffenen Städte, Klöster, Stifte und weltliche Territorien selbst. Unmittelbar nach seiner Ankündigung Anfang September 1802 rückte dann kurbayerisches Militär ein und nahm Besitz von den Reichsstädten Kempten (2. September), Memmingen (29. August), Kaufbeuren (2. September), Leutkirch und Wangen (beide 16. September), von den Stiften Kempten, Ottobeuren (29. August), Irsee (2. September) und dem Kreuzherrenkloster in Memmingen sowie den Ostallgäuer Gebieten des Hochstifts Augsburg. Kloster und Stadt Isny kamen an den Fürsten von Quadt-Wykradt, das Kloster St. Mang in Füssen erhielten die Grafen von Oettingen-Wallerstein. Die einzelnen Schritte der Besitznahme müssen hier nicht nacherzählt werden, wichtiger ist die Stimmung in der Bevölkerung über diese doch so grundlegende Änderung. Die Bauern auf dem Land (und damit der überwiegende Teil der Allgäuer) nahmen den Übergang in den bayerischen Staat mit Gleichmut, allenfalls mit der Hoffnung hin, damit endlich die verhasste Leibeigenschaft loszuwerden. In den Städten überwog die bayernfreundliche Stimmung, man hoffte auf neue Absatzmärkte, auf größere Rechtssicherheit, auf eine bessere Verwaltung – und auf eine Abwälzung der geradezu monströsen Schulden auf den neuen Landesherren. Die größten Vorbehalte hatte die katholische Geistlichkeit. Man fürchtete – zu Recht! – um die souveräne Stellung der Klosterstaaten und den Weiterbestand der Klöster, um die privilegierte Stellung der Landgeistlichkeit in den geistlichen Territorien und um die staatlich nicht gehinderte Ausbreitung des protestantischen Bekenntnisses. Das alles steht ungeschrieben im Hintergrund des oft bemühten Dictums des Pfarrers Magnus Scharpf von Thalhofen b. Marktoberdorf: »Wir sind also bayerisch – Gott gnade uns allen!« Mit der Zivilbesitznahme Ende November und Anfang Dezember 1802 war dann für alle Allgäuer Reichsstände die reichsunmittelbare Zeit vorüber. Eine temporäre Ausnahme stellte die Grafschaft Königsegg-Rothenfels dar, die 1804 kurzzeitig an die Habsburger geriet, nach der Schlacht von Austerlitz aber an Bayern kam, wo sie dann auch blieb.

Innerhalb von zwei Jahren hatte sich mit einer für die damaligen Verhältnisse unglaublichen Geschwindigkeit eine völlig neue historische Grundlage für das Allgäu gebildet. Die seit Jahrhunderten bestrebte bayerische Westexpansion hatte sich umfangreich vollzogen und war zu einem Ende gekommen. Das Alte Reich hatte keine Kraft mehr, sein altes staatliches Leben noch weiterzuführen, und das Allgäu stand zum ersten Mal in seiner Geschichte ohne ständische Untergliederung und territorialer Kleinkammerung einheitlich unter staatlicher Hoheit.

Im Bayerischen Königreich – Neugestaltung und Aufbruch des Allgäus

Territoriale Veränderungen und Arrondierungen in der napoleonischen Zeit

Noch war die Zeit der territorialen Veränderungen und Arrondierungen nicht vorbei. 1804 kam die Grafschaft Königsegg-Rothenfels endgültig zu Bayern, 1805 bescherte der Frieden von Preßburg Bayern im Allgäu die Herrschaften Freyberg-Eisenberg, daneben aber auch noch Tirol und Vorarlberg, Letztere lagen Bayern schwer im Magen, denn die Gebiete und die Menschen fühlten sich den Habsburgern zugehörig. Zudem erzeugte die bayerische Administration durch erhebliche Fehler und Ungeschicklichkeiten in der Bevölkerung eine starke Abneigung gegen die neue Herrschaft.

Der Anschluss Bayerns und Württembergs an den Rheinbund 1806 brachte weitere Gebiete: für Bayern die Herrschaften St. Mang, Rettenberg, Hopferau, Ratzenried, Rauhenzell, Laubenberg, Kronburg und Waltrams, für Württemberg die Souveränität über das Waldburgische Fürstentum sowie Isny, Eglofs, Kardorf und Steinbach. In Folge des Friedens von Wien 1809 übernahm das Königreich Württemberg im Grenzvertrag von 1810 mit Bayern u. a. die Städte Leutkirch, Wangen, Ravensburg und Ulm sowie die Herrschaft Ratzenried; Bayern erhielt Kardorf, Steinbach und die Gemeinde Wengen mit Kleinweiler. Als im Vertrag von Paris 1814 Bayern das ungeliebte Tirol und Vorarlberg wieder an Österreich zurückgeben musste, verblieb ihm immerhin noch das Landgericht Weiler. Damit war die Zeit territorialer Veränderungen abgeschlossen, von nun an führte im Westen die Staatsgrenze zwischen Bayern und Württemberg durch das Allgäu, Ausgangspunkt für die spätere Benennung Württembergisches Allgäu.

Franzosenlager in Haslach bei Kempten um 1810.

Das Allgäu in den Napoleonischen Kriegen

Die Umbrüche der napoleonischen Zeit waren vor allem kriegerisch. Unter Max IV. Joseph wurde ab 1800 die bayerische Armee reformiert, neu aufgestellt und vor allem vergrößert. Die allgemeine Wehrpflicht galt nun auch in den neuen bayerischen Gebieten und damit auch im Allgäu. Zwar waren Rekrutierungen schon vorher bekannt, jetzt aber fanden sie mit einer Stringenz und Effektivität statt, von der man nichts geahnt hatte. Mit Verordnung vom 26. Oktober 1803 mussten sich alle bayerischen Untertanen dem Verfahren der Rekrutierung stellen. Jeder Mann zwischen dem 16. und 40. Lebensjahr musste sich »konscribieren« lassen, um dann je nach Tauglichkeit und Notwendigkeit eingezogen zu werden. Die Konskriptionslisten wurden bei den jeweiligen Landgerichten geführt. Die Gesamtdienstzeit betrug acht Jahre, Kriegsjahre zählten doppelt. Wer seinen Kriegsdienst ordnungsgemäß, lebend und unversehrt hinter sich gebracht hatte, wurde im Zivilleben bei Heirat, Ansässigmachung und Handwerkskonzessionen unbedingt bevorzugt. Das Allgäu bekam wie die anderen neubayerischen Gebiete auch neue Rekrutierungskantone: Der militärische Verband, dem die Allgäuer Truppen zugeführt wurden, war die Schwäbische Brigade mit dem Hauptkommando in Ulm. Anfangs wurde noch im Westallgäu in Scheidegg Widerstand gegen diese Rekrutierungen geleistet.

Eine erste Bewährungsprobe für die neuen bayerischen Truppen brachte der 1805 zwischen Frankreich und seinen Verbündeten Bayern, Württemberg und Baden einerseits und den Alliierten Österreich, Russland, England und Schweden andererseits eröffnete Krieg, der am 8. September 1805 mit dem österreichischen Angriff auf Bayern begann. Nach der verlorenen Schlacht von Elchingen (14. Oktober 1805) und der Kapitulation von Ulm (17. Oktober 1805) zogen sich die verbliebenen Österreicher fluchtartig aus dem Allgäu zurück, und als am 7. November 1805 auch Innsbruck und Tirol von Napoleon besetzt wurden, hörte die Bedrohung an der Allgäuer Südgrenze auf – nicht jedoch die Kontributionen, die das Land an die »verbündete« französische Armee bis April 1806 zu leisten hatte.

Während des 5. Koalitionskriegs gegen Napoleon und dem damit verbundenen Tiroler Volksaufstand kam es 1809 im Allgäu wieder zu einem handfesten Kriegsgeschehen. So erhoben sich im Zuge des am 9. April 1809 von Österreich eröffneten Krieges die Tiroler und Vorarlberger gegen die bayerische Herrschaft. In Weiler, Scheidegg und Simmerberg kam es zu Zusammenrottungen, in Füssen wiegelten ab dem 11. April österreichische Agenten die Bevölkerung auf, Tiroler unternahmen vom Außerfern, aus dem Lech- und Vilstal heraus Vorstöße nach Sonthofen, Hindelang, Immenstadt, Wertach und Durach. Sogar in Kaufbeuren erschienen Tiroler, bedrohten den Landrichter, raubten 90 Pferde und verschwanden wieder. Am 4. Mai besetzten 800 Tiroler für eine Nacht Kempten, ebenso widerfuhr dies Kaufbeuren, und auf dem Rückzug wurde noch rasch Marktoberdorf geplündert. Im weiteren Verlauf des Frühsommers nahmen diese Besetzungen und Plünderungen zu, sogar Memmingen und Ottobeuren wurden überfallen. Ursprünglich noch von Sympathien begleitet, schwand die Akzeptanz in der Bevölkerung, da sich die Tiroler, Vorarlberger und Österreicher »wie ein wahres Räubergesindel« aufführten. Mit dem Erscheinen französischer Truppen von Ulm und Augsburg her, verstärkt durch bayerische Kontingente, zogen sich die Österreicher wieder an die Grenzen zurück, doch kam es im Juni bei Kempten erneut zu

Erinnerungsstein an die gefallenen Vorarlberger beim Angriff auf Kempten 1809.

schweren Kämpfen zwischen Vorarlbergern und bayerisch-französischen Truppen. Eine erste Entscheidung fiel dann am 17. Juli 1809, als 20 000 Vorarlberger versuchten, von Buchenberg und vom Süden her Kempten einzunehmen. Ihr Versuch endete in einer schmählichen Niederlage, der weitere Niederlagen bei Immenstadt folgten. Ende Juli räumten die Tiroler und Vorarlberger das südliche und südöstliche Allgäu, Füssen wurde ab Anfang August 1809 wieder von bayerischen Truppen neu befestigt. Mit dem Friedensschluss von Schönbrunn am 14. Oktober 1809 gingen auch die Tiroler und Vorarlberger Übergriffe zu Ende. Und mit einer recht weit gefassten Amnestie sowie der Versetzung und Ablösung von unfähigen Beamten gelang die Befriedung des Landes.

Damit sah das Allgäu zum letzten Mal bis 1945 fremde Soldaten im Land; trotzdem musste weiterhin Kriegsdienst für den bayerischen Staat geleistet werden. Die zahlreichen Gedächtnistafeln in den Allgäuer Kirchen geben ein beredtes Zeugnis für den Blutzoll, den das Allgäu dem neuen Staat entrichtete.

Neue Gliederungen im Innern, Säkularisation

Die Eingliederung in den bayerischen Staat bedeutete für das Allgäu bezüglich seines bisherigen Herrschafts- und Administrationsgefüges eine geradezu revolutionäre Umwälzung, die alle damals bekannten Lebensbereiche betraf. Die geistlichen Fürstentümer des Allgäus wurden mit der Säkularisation aufgelöst, die weltlichen Herrschaften dem Staat untergeordnet. Der in der Regel leibeigene Untertan erfuhr 1808 auch de jure die Aufhebung der Leibeigenschaft. Da durch die Säkularisation und die Mediatisierung alle ehemalig geistlichen Grunduntertanen nun zu solchen der Krone geworden waren, bot ihnen der König an, durch Grundablösung jetzt auch Eigentümer der von ihnen bisher bebauten Böden zu werden – diese Eigentumsbildung war anerkanntes Staatsziel und zog sich durch das ganze 19. Jh. hindurch. Außerdem wurde der Untertan nun immer mehr als Staatsbürger gesehen, dem mit der verbesserten und vereinheitlichten Rechtspflege begegnet wurde. Auch die öffentlichen Ämter waren mittlerweile allgemein zugänglich, vorausgesetzt man war unbescholten und erfüllte die vorgeschriebenen Anforderungen an Kenntnissen; die Beamtenschaft wurde jetzt ausreichend (aber auch nicht mehr!) besoldet und versorgt, um Korruption hintan zu halten.

Es soll hier den zahlreichen Veränderungen im Verwaltungszuschnitt, die bis zur bayerischen Verfassung 1818 vorgenommen wurden, nicht im Einzelnen nachgespürt werden. Grundsätzlich gilt aber, dass im Allgäu eine ziemlich homogene Struktur von Verwaltung und Gerichtswesen aufgebaut werden konnte. Die neu eingerichteten Landgerichte waren rein staatliche Institutionen, die auch die Staatsverwaltung auf der untersten Ebene repräsentierten; sie gelten als Vorläufer der heutigen Landkreise. Für das Allgäu sind folgende Landgerichte älterer Ordnung zu nennen: Buchloe, Füssen, Grönenbach, Immenstadt, Kaufbeuren, Kempten, Memmingen, Mindelheim, Marktoberdorf, Obergünzburg, Ottobeuren, Sonthofen, Türkheim, Weiler. Mit der Einführung der Bayerischen Verfassung 1818 war dann auch der Verwaltungszuschnitt des Allgäus abgeschlossen. Es gehörte dem Oberdonaukreis an, der nun schon zum allergrößten Teil die Gestalt des heutigen Regierungsbezirkes Schwaben hatte. 1837 wurde der Kreis vom geschichtsbewussten König Ludwig I. (1786–1868) zusammen mit den noch verbliebenen anderen Kreisen »historisch« umbenannt und hieß von nun an Schwaben und Neuburg, bis der Name 1938 auf Schwaben gekürzt wurde. 1862 wurde in Bayern auch auf der untersten Ebene die Trennung von Justiz und Verwaltung durchgeführt und es entstanden für die Administration die Bezirksämter, die direkten Vorläufer der älteren Landkreise; das Allgäu gliederte sich demnach in die Ämter Füssen, Kaufbeuren, Kempten, Marktoberdorf, Memmingen, Mindelheim und Sonthofen sowie die kreisfreien Städte Kempten, Kaufbeuren und Memmingen auf.

Für die Gemeindeverwaltungen galt ab 1818 das Edikt über Verfassung und Verwaltung der Gemeinden im Königreich, mit dem nun endgültig die kommunale Selbstverwaltung so, wie sie damals im Königreich Bayern verstanden wurde, auf den Weg gebracht wurde. Die Städte im Allgäu zählten mit Kempten, Kaufbeuren und Memmingen zu Städten der II. Klasse, während Immenstadt und Füssen zu jenen der III. Klasse gehörten; Memmingen und Kempten unterstanden direkt der Kreisregierung, über Kaufbeuren wie über die Städte III. Klasse übte das zuständige Landgericht die staatliche Aufsicht aus. Die beiden Städte Kempten, Reichsstadt und Stiftsstadt, wurden mit königlichem Befehl vom 25. Januar 1811 vereinigt, die Reichsstadt hieß von nun an Altstadt, die Stiftsstadt Neustadt.

Auch die Stadt- und Gemeindeverwaltungen wurden jetzt gleichförmig aufgebaut: In den Städten besorgte der Magistrat, angeführt vom Bürgermeister, die tägliche Verwaltung und die Stiftungsverwaltungen, ihm stand das gewählte Gremium der Gemeindebevollmächtigten als Aufsichts- und Kontrollorgan gegenüber, also ein ähnlicher Zuschnitt wie heutzutage mit dem Zusammenwirken von Stadtrat und Stadtverwaltung. In den Ruralgemeinden (Dörfern) war es ähnlich, hier führte der Gemeindevorsteher (Bürgermeister) die Gemeindeverwaltung, beaufsichtigt und beraten vom Gemeindeausschuss, in dem die gewählten Gemeindebevollmächtigten vertreten waren.

Für Wirtschaft und Handel im Allgäu waren die Einführung einer in ganz Bayern gültigen Währung (Gulden und Kreuzer), eines einheitlichen Maßsystems sowie die Umsetzung einer allgemeinen, nach neuesten Erkenntnissen durchgeführten Landvermessung vorteilhaft, die neben militärischen Gesichtspunkten hauptsächlich der Steuergesetzgebung diente. Neben dem Bereich der öffentlichen Sicherheit, die durch die Gründung des königlich-bayerischen Gendarmeriekorps 1812 eine wesentliche Steigerung und Einheitlichkeit erfuhr, wurde auch der Straßen- und Wegebau und der dazugehörige Unterhalt neu geregelt.

Allgemein kann für das ganze Allgäu gelten, dass die bisherigen Reichsstände unspektakulär und ruhig in den bayerischen Staat übergingen. »Es ist damals (1808) 1818 kein Bruch der Entwicklung des Gemeindewesens eingetreten; der bayerische Staat hat vielmehr die Gemain des alten Rechts durch seine Gesetzgebung weiterentwickelt, mit neuen Aufgaben versehen und da, wo es notwendig erschien, durch Zusammenlegung benachbarter kleinerer Dörfer, Weiler und Einödhöfe zu einer politischen Gesamtgemeinde funktionsfähige gemeindliche Körperschaften geschaffen.« (Josef Heider)

Eine völlige Neugestaltung erfuhr mit der Montgelas-Zeit die im Allgäu ehemals so beherrschende katholische Kirche. Mit der Mediatisierung in den bayerischen Staat fielen im Allgäu 23 Stifte, Klöster oder sonstige Ordensniederlassungen unter die Säkularisation, ebenso das Hochstift Augsburg mit allen seinen Allgäuer Besitzungen. Die Stifte Kempten, Irsee, Isny, Ottobeuren, St. Mang in Füssen, die Kartause Buxheim, das Kreuzherrenkloster in Memmingen und das Kollegiatstift Grönenbach wurden sofort aufgehoben.

In Kempten behielt sich der Staat die Residenzgebäude, die dann z. T. in eine Kaserne umgewandelt wurden. Die Stiftskirche St. Lorenz in Kempten wurde zur Pfarrkirche, die fürststiftliche Gemäldesammlung steuerte insgesamt 94 Bilder der kurfürstlichen Sammlung in München bei, darunter waren Bilder von Rubens, Rembrandt, Van Dyck und Michelangelo. Die Stifts- und Abtsbibliothek Kemptens schaffte man auf den Dachboden der Residenz, schützte sie mit einem Bretterver-

Käsestube der ersten Limburger-Herstellung.

schlag notdürftig vor der Witterung – und vergaß sie. Erst 1806 machte der Landrichter Henne aus Kempten auf die Bücher wieder aufmerksam. Generell ging es den säkularisierten Klosterbibliotheken im ganzen Allgäu so.

Der Deutsche Orden wurde mit Klöstern aus dem Allgäu als Entschädigung bedacht, wenngleich es meistens Klöster von Bettelorden waren. So wurde das Kapuzinerkloster in Wangen zu einem Zentralkloster erklärt, das sozusagen als Alten- und Pflegeheim den gebrechlichen Konventualen anderer säkularisierter Klöster Aufnahme bot. Für die Franziskaner übernahm ihr Kloster in Füssen diese Aufgabe. Auch das Crescentiakloster in Kaufbeuren kam mit seinen Franziskanerinnen an den Deutschen Orden, bis es dann 1806 aufgelöst wurde. Erst 1831 erfolgt die Wiederbegründung. Von den großen reichsständischen Klöstern des Allgäus wurde lediglich Ottobeuren wiederbegründet.

Die Säkularisation stellte für das Allgäu eine wohl noch größere Umwälzung der Lebensumstände dar, als es der Übergang in den bayerischen Staat war. Die jahrhundertelange geistliche Herrschaft über das Land war zu Ende. Abgesehen von den Reichsstädten und ihren Territorien standen Land und Leute zum ersten Mal seit langer Zeit in ihrer Geschichte unter weltlicher Herrschaft.

Die wirtschaftliche Umgestaltung

Der dritte Bereich, in dem sich das Allgäu im 19. Jh. vollständig umgestaltete, war das Wirtschaftsleben. Noch in den ersten Jahrzehnten des neuen Jahrhunderts verharrte die Wirtschaft in den traditionellen Bahnen der bäuerlichen Selbstversorgung mit gelegentlicher Vermarktung der Überschüsse. Wohl 90 % der Bevölkerung lebte direkt oder indirekt von der Landwirtschaft, die sich in ihrer traditionellen Wirtschaftsweise durch den Wegfall des grundherrschaftlichen Flurzwangs und der Möglichkeit des Erwerbs von Grund und Boden neu organisieren musste. Nach wie vor nahm der Getreideertrag nach Süden zu den Bergen hin ab, das damals sehr raue Klima tat sein Übriges.

Zwar galt das Rindvieh damals als berühmte Tierrasse in Deutschland, aber die Bestände waren klein: Durchschnittlich standen vier bis sechs Kühe mit einigen Kälbern im Stall, bei größeren Bauern konnten es auch an die 20 Stück Vieh sein. Es war aber nicht das Milchvieh wesentlich, sondern man versuchte durch den Export von Rindern, Ziegen und Schafen noch Einnahmen für die Höfe zu generieren. Immerhin zeigten die Missernten von 1816 (das Jahr ohne Sommer) und 1817 und die damit verbundenen Hungersnöte, wie fragil die bäuerliche Selbstversorgung war. 1830 wurden im Ostallgäu noch auf 40 % der landwirtschaftlichen Nutzfläche Ackerbau betrieben. Die Wiesen waren damals einmahdig, die Viehweiden würden heute als Ödland bezeichnet werden. Zu dieser immer prekärer werdenden landwirtschaftlichen Lage kamen noch zwei weitere Faktoren hinzu, nämlich ein

DER »NOTWENDER« CARL HIRNBEIN (1807–1871)

Traditionell war der im Allgäu bis dahin erzeugte Käse eher als eine Art Nebenprodukt der sommerlichen Alpwirtschaft angesehen worden, um die angefallene Milch haltbar zu machen und weiterzuverarbeiten. Ein richtiger Handel hatte sich bis ins 19. Jh. damit nicht ausbilden können.

Johann Hirnbein, erfolgreicher Viehzüchter und -händler, begann nun um 1820 aus der aus der Gegend von Sibratshofen-Wilhams-Missen stammenden Milch einen neuen Käse herzustellen: den Backsteinkäse – nicht nur wegen seiner würfelartigen Form, sondern auch wegen seines Rotschmierüberzugs an einen Backstein erinnernd. Dieser Käse war erfolgreich auf dem Markt und brachte nun den Sohn Carl Hirnbein aufgrund seiner Erfahrungen im Käsehandel und in der Herstellung dazu, in größeren Dimensionen zu denken: Mit neuen Käsesorten wollte er die reichlich zur Verfügung stehende Allgäuer Milch veredeln und weiterverarbeiten, er ahmte die Herstellung des Emmentalers nach, 1829 studierte er in Lüttich und Limburg die Produktion des dortigen Weichkäses. Die belgischen Bauern stellten nämlich aus weniger Milch einen wesentlich ansprechenderen Käse her, als es im Allgäu der Fall war. Hirnbein brachte daraufhin erfahrene Käser ins Allgäu mit, um hier erfolgreich Limburger zu fabrizieren. Das wiederum hatte langfristig erhebliche Auswirkungen auf die Allgäuer Landwirtschaft. Mit immer mehr Bauern wurden Milchlieferverträge geschlossen, in neu eingerichteten Käseküchen wurden nach den Hirnbein'schen Rezepten die Käsesorten hergestellt und von seiner Handelsorganisation in ganz Süddeutschland vertrieben.

Um 1860 verbreitete sich der Sammelbegriff »Allgäuer Käse«, unter dem nicht nur Allgäuer Emmentaler, Limburger und Romadur verstanden wurde, sondern seit 1874 auch der neu erfundene Weißlacker. Damals brachte einem Bauern der Milchverkauf von fünf bis sechs Kühen ein Jahreseinkommen von 300 bis 400 fl., was zu einem ausreichenden Leben genügte. Auf die Aktivitäten Hirnbeins gingen aber auch noch eine stetig verbesserte Bodenbewirtschaftung mit neuartiger Gülledüngung und der damit verbundenen Steigerung der Milchleistung zurück. So trägt er zurecht den Beinamen »Der Notwender«.

Der »Notwender« Carl Hirnbein, Foto um 1860.

Geburtenanstieg nach den Napoleonischen Kriegen sowie ein starker Rückgang der Textilherstellung, die besonders unter der französischen Kontinentalsperre bis 1815 und der Einfuhr der industriellen Erzeugnisse aus Westeuropa gelitten hatte und die nun immer weiter abnahm. In der Immenstädter Gegend zählte man um 1790 noch an die 1000 Webermeister, 1810 waren es 430 und 1835 war ihre Zahl auf 113 herabgesunken. Der gute Ruf der Allgäuer Leinwand nutzte nichts gegenüber den preiswerten Importen, und sie konnte im neuen bayerischen Wirtschaftsraum nicht mehr abgesetzt werden.

Es war Carl Hirnbein (1807–1871) aus Wilhams, der in Fortführung und Weiterentwicklung der Viehzucht und des Viehhandels seines Vaters Johann Hirnbein die Käseherstellung im Allgäu von Grund auf neugestaltete.

Die frühe Erschließung des Allgäus durch die Eisenbahn kann in ihrer Bedeutung nicht überschätzt werden. Diese Eisenbahnverbindung war Teil der vom Landtag 1843 beschlossenen bayerischen Ludwig-Süd-Nord-Bahn von Lindau nach Hof mit Anschluss an das sächsische Eisenbahnnetz, die von 1847 bis 1854 erbaut wurde. Schon 1835 bemühte man sich von Lindau aus um die Herstellung einer entsprechenden Verbindung nach Augsburg, doch verzögerte sich das Projekt zunächst wegen Uneinigkeiten in der Streckenführung. Die ursprüngliche Absicht, von Buchloe über Marktoberdorf und Unterthingau direkt Immenstadt erreichen zu wollen, scheiterte an den Gegenvorstellungen von Kaufbeuren und Kempten. Damit legte man sich auf die geländemäßig und damit auch technisch aufwendigere Streckenführung fest, die sich aber wirtschaftlich als zukunftsreicher erwies. Mit der Fertigstellung war das Allgäu von Nordost nach Südwest erschlossen, weitere Eisenbahnen kamen später hinzu: 1863 Kempten – Memmingen – Ulm (Illertalbahn), 1872/73 der Direktanschluss Buchloe – München, ab 1899 wurde die Strecke Lindau – München zweigleisig ausgebaut, 1873/1888 wurde im Süden das obere Illertal von Immenstadt nach Oberstdorf über Sonthofen angeschlossen, 1895 erfolgte die Verbindung über Reutte (Tirol) nach Garmisch-Partenkirchen durch die Außerfernbahn. Im Ostallgäu erhielt Füssen 1888 den langersehnten Anschluss von Biessenhofen über Marktoberdorf an die Allgäubahn, und die 1923 eröffnete Linie Kaufbeuren – Schongau lieferte den Anschluss des Allgäus an das westliche Oberbayern. Eine wichtigere Verbindung stellte jedoch die grenzüberschreitende Trasse Kempten – Isny 1909 dar.

Das Allgäu verlangte von Planern und Ingenieuren des Eisenbahnbaus aufgrund seines Geländes (Moränenlandschaft, Gebirgslandschaft) erhebliche Leistungen. Der Rentershofer Bahndamm bei Röthenbach galt zu seiner Zeit als der größte von Menschen erbaute Bahndamm, und die Brücken über die Iller bei Kempten und über den Waltenhofener Tobel erregten zu Recht das Staunen. Noch zur Einführung der Dieselloks galt die Allgäubahn als besonders anspruchsvoll und war eine Domäne der bayerischen Dampflok S3/6, die auf dieser Strecke bis 1967 ihren legendären Dienst verrichtete.

Ohne Eisenbahnbau und der damit verbundenen verkehrstechnischen Erschließung des Allgäus wäre die ab 1840 einsetzende Industrialisierung nicht denkbar.

EISENBAHNBRÜCKE BEI KEMPTEN
GEGEN DAS GEBIRGE.

EISENBAHNBRÜCKE BEI KEMPTEN
GEGEN DIE STADT.

Die König-Ludwig-Eisenbahnbrücke bei Kempten.

Während sich in der Allgäuer Landwirtschaft vom Oberallgäu ausgehend ein vollständiger Wandel vollzog, bahnte sich im Ostallgäu, genauer in Kaufbeuren, der Schritt in die Industrialisierung zunächst einmal in der Textilherstellung an. 1837 gründete dort ein aus den eingesessenen Familien Heinzelmann, Schrader, Schäfer und Walch mit Kemptner Assoziierten die erste mechanische Baumwollspinnerei im Allgäu, in der Baumwolle zu Garn versponnen wurde. Trotz anfänglicher Schwierigkeiten konnte sich das Unternehmen halten und begann spätestens nach dem Eisenbahnanschluss Kaufbeurens 1847 nachhaltig zu prosperieren. Es bot in der Region viele neue Arbeitsplätze für die aus dem niedergegangenen Weberhandwerk oder aus dem bäuerlichen Bereich kommenden Beschäftigten.

Mit dem Niedergang der Oberallgäuer Leinenspinnerei und -weberei, überhaupt mit den handwerklich hergestellten Textilien, begann in den 1840er und 1850er Jahren vor allem in Kempten der Aufbau der industriellen Textilfabrikation. Aus der Schweiz kamen die ersten mechanischen Spinn- und Webmaschinen, und der Schweizer Caspar Honegger siedelte in Kempten 1847 auf dem Gelände einer alten Papiermühle die erste Kemptner Baumwollspinnerei und -weberei an, zu der sich bald eine Bleicherei und Färberei gesellten sowie eine Kattundruckerei. In der Zwischenzeit waren weitere Textilfabriken entstanden: In Kempten selbst wandelte sich 1849 die Manufakturweberei von A. Sandholz in eine mechanische Weberei um, andere Schweizer Unternehmer gründeten Fabriken in Waltenhofen (1856), Blaichach (1850), Seltmanns (1846) sowie in Immenstadt, wo 1856 auch die Füssen-Immenstädter Zwirn- und Bindfadenfabrik ihre Arbeit aufnahm und bereits 1864 an die 350 Menschen beschäftigte. Außerdem ist auch zu beobachten, dass die personellen Verflechtungen im Bereich der Leitungspositionen in den Allgäuer Fabriken ziemlich dicht sind und nicht zuletzt durch Heiraten befestigt wurden.

Lief mit dieser Entwicklung das Oberallgäu und Kempten dem Kaufbeurer Raum und dem Ostallgäu den Rang ab – die Kaufbeurer Fabrik war das einzige nennenswerte Unternehmen in diesem Raum –, so mühte sich Memmingen verstärkt, um aus seiner durch die neue Eisenbahnführung entstandenen Randlage wieder herauszukommen. Dabei erwies sich die Herstellung eines Eisenbahnanschlusses als zentraler Punkt einer erfolgreicheren Wirtschaftspolitik; zwar war die Stadt nach wie vor ein Verwaltungs-, Schul- und Militärzentrum für das bayerische nordwestliche Allgäu, aber erst die Initiative der Stadt selbst unter Bürgermeister Benedikt von Zoller brachte den bayerischen Staat zur Zusage, die Eisenbahnlinie Kempten – Memmingen – Neu-Ulm nach der Fertigstellung in Pacht zum weiteren Unterhalt zu nehmen. 1863 war die Bahn fertiggestellt; 1874 erfolgte der direkte Anschluss über Buchloe nach Augsburg und München. Erst 1889 wurde dann von Memmingen aus mit einer einspurigen Nebenbahn über württembergisches Gebiet Lindau am Bodensee erreicht. So setzte mit der Gründung der Haußmann'schen Wolldeckenfabrik 1862 erst spät die Industrialisierung Memmingens ein, wobei die neu errichtete Gasfabrik den Ansprüchen der sich rapide ändernden Infrastruktur Rechnung trug.

Schulwesen

Das Schulwesen im Allgäu lag bis 1802 in den Händen der jeweiligen Landesherren und war dementsprechend kirchlich-katholisch ausgerichtet, sieht man von den protestantischen Reichsstadtschulen einmal ab. Studenten des Allgäus zogen als Katholiken an die Hochschulen von Dillingen, Freiburg, Salzburg oder Ingolstadt, die Protestanten bevorzugten Tübingen oder die evangelischen Universitäten in Mittelfranken, in Thüringen oder Sachsen.

Ein aus der Aufklärung stammendes weiterführendes und weitergedachtes Schulkonzept gehörte bereits vor der Ausdehnung Bayerns 1802 zu den Grundsätzen der neuen Regierung Montgelas'. Auf den Erfahrungen, Überlegungen und Visionen Friedrich von Zentners (1752–1835), des aufgeklärten und weltkundigen Kultusministers, basierend strebte man ein einheitliches, zentral vom weltlichen Staat gesteuertes und überwachtes Schulsystem an, um aus der gewachse-

DIE NEUORDNUNG DES SCHULWESENS

Wie die politische Landschaft war auch das Schulwesen im Allgäu bis zum Übergang in den Bayerischen Staat zersplittert und höchst uneinheitlich. Der aufgeklärte Staat Montgelas' widmete einer Vereinheitlichung des Schulsystems auch erhöhte Aufmerksamkeit, die zunächst ihren Schwerpunkt im Bereich der Elementarschulbildung hatte. Die dafür notwendigen theoretischen Überlegungen waren von Friedrich Zentner und seinen Mitarbeitern bereits angestellt worden, nun übertrug man sie auch in den neubayerischen Gebieten in die Praxis:

1. Die Ausbildung und der wirtschaftliche Unterhalt der Lehrer (Lehrerinnen wurden erst in der 2. Hälfte des 19. Jahrhunderts ausgebildet) mussten verbessert werden: die Ausbildung landesweit vereinheitlicht und der Verdienst des Lehrers soweit angehoben werden, dass eine Familie davon leben konnte.
2. Der Unterhalt der Schulen musste einheitlich ausgeformt und per Gesetz gesichert werden; dafür wurden nun die Gemeinden verpflichtend herangezogen.
3. Die Schulpflicht der Kinder wurde vom Staat höher bewertet als das Bedürfnis nach billigen Arbeitskräften im Elternhaus, sei es bei den landwirtschaftlichen Betrieben, sei es beim Handwerk.
4. Die Schulform wurde vereinheitlicht: Die Elementarschule musste jedes Kind pflichtgemäß von seinem 6. bis zum 12. Lebensjahr besuchen und erst nach bestandener Abschlussprüfung wurde es aus der Schule entlassen. Danach waren sie verpflichtet, die Sonn- und Feiertagsschulen zu besuchen.
5. Die staatliche Schulorganisation wurde gestrafft und vereinheitlicht: Die Schulen unterstanden den Schulkommissariaten und waren flächenmäßig in Schulsprengel eingeteilt, die sich nach den Pfarrsprengeln richteten. Ein gemischtkonfessioneller Unterricht in den Elementarschulen konnte im Allgäu jedoch wegen des katholischen Widerstands nicht eingeführt werden.

Für das Allgäu bedeutete dieses neue Schulwesen einen erheblichen Fortschritt, was den Bildungsstand der Bevölkerung betraf. Auch die staatliche Aufsicht über die zumeist katholische Einflussnahme auf das Schulwesen war vorteilhaft.

nen Vielgestaltigkeit der Allgäuer Schulen ein geschlossenes und für alle Bürger gleiche Möglichkeiten bietendes Schulwesen zu formen.

Nun hatten sich die Gemeinden, sofern sie eine Schule hatten, schon vorher um deren Unterhalt im Rahmen ihrer Möglichkeiten gekümmert. Der nunmehrige staatliche Eingriff wurde als Zwang empfunden, und die Klagen der Gemeinden zur Überforderung bezüglich des Schulunterhalts waren laut und vielfältig. Trotzdem erkannten die Kommunen die Notwendigkeit eines guten Schulwesens, und von den Gemeinden Börwang, Balderschwang, Obergünzburg, Haldenwang, Apfeltrang, Günzach, Legau, Oberthingau, Hindelang, Roßhaupten und Pfronten (um nur eine Auswahl zu nennen) wurden erhebliche und effektive Anstrengungen unternommen, den staatlichen Vorgaben gerecht zu werden. Besonders das Pfrontener Schulhaus wurde 1834 für den gesamten Oberdonaukreis als Vorbild dargestellt, ebenso die Pfrontener Fundierung und Besoldung des Lehrpersonals.

Auch die katholische Kirche steuerte nach dem Schock der Säkularisation wertvolle Hilfe für das Allgäuer Schulwesen bei. Aus dem pfarrlichen Grundbesitz wurden in Probstried, Legau und Frauenzell Bauplätze für Schulbauten gestellt, und auf Betreiben des Distriktschulinspektors und Dekans Beyer von Stiefenhofen entstanden in seinem Bezirk zwischen 1806 und 1815 insgesamt 18 neue Schulhäuser.

Wurden die materiellen Voraussetzungen für ein allgemeines Elementarschulwesen im Allgäu so nach und nach geschaffen, wobei viel bürgerliches Engagement zu Tage trat, so kam es auch bei der Lehrerschaft zu einer Neuaufstellung, besonders bei ihrer Ausbildung, die mit Dekret vom 24. Februar 1803 zum ersten Mal für das ganze Allgäu einheitlich geregelt wurde. Von nun an mussten die Volksschullehrer in dafür eingerichteten Lehrerbildungsanstalten auf ihren Beruf vorbereitet werden und eine staatliche Prüfung ablegen. Anstalten dieser Art befanden sich in Kempten und in Augsburg, 1824 wurde in Dillingen ein Lehrerseminar gegründet. Von der Ausbildung des Münchner Lehrerseminars war man im Allgäu nicht wirklich überzeugt, nur ein einziges Mal schien man die Kenntnisse eines Münchner Bewerbers für eine Lehrerstelle im Allgäu für ausreichend gehalten zu haben.

Seit 1804 war ein einheitlicher Lehrplan für ganz Bayern, also auch für das Allgäu, verbindlich. Zu den noch aus dem 18. Jh. stammenden Lehrzielen des Rechnens, Schreibens, Lesens und der Religionslehre traten noch die Unterrichtsfächer von Sprachlehre, Rechtschreiben, Schönschreiben, Aufsatz, vaterländische Geschichte, Erdkunde, Naturkunde und Landwirtschaft hinzu sowie die Nebenfächer Musik und Zeichnen und für die Mädchen Handarbeiten. Besonderen Wert legte man im Allgäu auf die Anlage von Schulgärten für den praktischen Unterricht: In Kempten, Obergünzburg, Grönenbach, Sonthofen, Füssen, Marktoberdorf, Leutkirch und Wangen wurden solche eingerichtet; im Landgericht Füssen hatte 1828 lediglich Roßhaupten keinen Schulgarten.

War der Lehrberuf im Allgäu bis auf ganz wenige Ausnahmen eine rein männliche Angelegenheit, so begann 1831 mit dem Lehrauftrag an das wiederbegründete Franziskanerinnenkloster Kaufbeuren die Zeit des weiblichen Lehrpersonals in Bayern, jedoch war ihr Einsatz zunächst nur für Mädchen vorgesehen. 1852 sollte dann nach dem Willen der Kreisregierung der Unterricht für Mädchen durch die Armen Schulschwestern in möglichst vielen Allgäuer Gemeinden eingeführt werden, 1855 erteilten Klosterfrauen von Maria Stern (Augsburg) Unterricht in Legau, 1856 übernahmen die Armen Schulschwestern die Mädchenschule in Füssen, 1857 kamen Franziskanerinnen von Kaufbeuren nach Obergünzburg und 1861 nahmen die Englischen Fräulein in Kempten den Mädchenunterricht auf.

Weiterführende Schulen gab es 1802 in Form der Gymnasien in Kempten, Memmingen und Ottobeuren, die lateinischen Vorbereitungsschulen in Kaufbeuren (eine protestantische und eine katholische) und Wangen (katholisch), die protestantische Realschule in Kempten und die Klosterschulen St. Mang in Füssen und im Kapuzinerkloster zu Immenstadt. Von ihnen allen galt das Gymnasium in Ottobeuren als das bedeutendste im Allgäu, allerdings war seine Schülerzahl erheblich gesunken. Bei der Neugestaltung des höheren Schulwesens im Allgäu vom Oktober 1804 blieb nur noch das Gymnasium in Kempten übrig, Ottobeuren musste schließen und die Lateinschulen in Kaufbeuren und Wangen wurden zu Real- und Bürgerschulen umgewandelt. Das Gymnasium in Kempten blieb das ganze Jahrhundert lang die einzige höhere Schule im Allgäu, die zur Hochschulreife führte. Ab 1891 galt es als humanistisches Gymnasium und hatte endlich 1864 ein neues Gebäude erhalten.

Die höhere Schulbildung der Mädchen – ein Hochschulstudium für Frauen gab es nicht! – lag im 19. Jh. zunächst lange in privater Hand; sog. höhere Töchterschulen wurden in Kempten, auf Schloss Lautrach und in Memmingen betrieben. In Kaufbeuren sorgten Kurse der Franziskanerinnen für eine entsprechende Bildung, und in Immenstadt wurde 1913 eine Mädchenmittelschule als staatliche Institution ins Leben gerufen.

Die kirchliche Entwicklung

Das kirchliche Leben und die Organisation der katholischen Kirche waren durch die Säkularisation ebenfalls einer Umgestaltung unterworfen. Durch den Untergang der geistlichen Landesherrschaft trat nun der weltliche Staat, ab 1806 repräsentiert durch die Person des Königs, die Oberherrschaft über die katholische Kirche an. Ausschlaggebend bis zum Abschluss des Konkordats 1817 war die Verordnung über die Abgrenzung der staatlichen und kirchlichen Gewalt vom 7. Mai 1804, mit der der Staat das Recht der Einteilung und Errichtung von Pfarreien, die Aufsicht und Festlegung der Priesterausbildung, die Gerichtsbarkeit in Straf- und Zivilsachen über alle Geistlichen und die Aufsicht über das Kirchenvermögen an sich zog.

Das Einkommen der Pfarrer setzte sich jeweils aus den überkommenen Rechten des Zehnts, aus der Nutzung von Grundstücken, die der Pfarrei gehörten, aus gestifteten Jahrtagen und den Stolgebühren (Pfarramtsnebenbezügen) zusammen, die allesamt in Geld umgerechnet wurden und der Pfarrei jährlich zustanden.

Um dem Mangel an Weltpriestern in den Jahren nach der Säkularisation zu begegnen, wurden die freigesetzten und noch arbeitsfähigen Konventualen aus den aufgehobenen Klöstern dafür verwendet. Entsprechende Maßnahmen sind bei der Organisation der Stadtpfarrei Memmingen mit Künersberg und Memmingerberg oder bei der Pfarrei Irsee zu beobachten. Generell wurde von staatlicher Seite her eine möglichst weitgehende Deckung von administrativen und finanzadministrativen Grenzen mit den Pfarrsprengeln angestrebt, was z. B. im Landgericht Kempten die Neuorganisation der Pfarreien bis 1813 sich hinziehen ließ.

Bis zum Ende des Alten Reiches teilten sich das Allgäu die Diözesen Augsburg und Konstanz. Letzteres aber ging nach 1806 sukzessive unter, wurde aufgeteilt zwischen der Schweiz, dem Königreich Württemberg und dem Großherzogtum Baden, die ihre auch neuerworbenen Gebiete einem nationalen Bistum zugehörig sehen wollten. 1821 bestätigte eine päpstliche Bulle die Auflösung des alten Konstanzer Bistums, dessen Gebiete zwischen den Bistümern Rottenburg (Kgr. Württemberg), Freiburg (Grhzg. Baden), St. Gallen (Schweiz), Brixen (Österreich) und Augsburg (Kgr. Bayern) lagen. Zwar musste das Bistum Augsburg 1816 das ganze Kapitel Reutte und Teile des Kapitels Kempten (Riezlern, Schröcken, Tannberg und Warth) an Brixen abtreten, aber es erhielt 1821 alle links der Iller liegenden ehemaligen konstanzischen Kapitel und Pfarreien, sofern diese zwischen 1802 und 1810 an Bayern gekommen waren.

Somit stellte sich um 1820 die Situation so dar, dass am Allgäu die Bistümer Brixen, Rottenburg und Augsburg Anteil hatten, wobei Letzteres mit elf Dekanaten den größten Teil unter sich hatte.

Unter Ludwig I. (1786–1868) kam es dann im Allgäu zu einer Reihe von Klosterwiederbegründungen bzw. -erneuerungen: Ottobeuren nahm 1834 als Benediktinerpriorat von St. Stephan in Augsburg das klösterliche Leben wieder auf, das Franziskanerinnenkloster in Kaufbeuren erhielt 1831 seinen früheren Klosterstatus wieder und verpflichtete sich, »dem Unterricht der weiblichen Jugend in den Industriegegenständen zu widmen«. 1836 wurde das Franziskanerkloster in Füssen wiederhergestellt, das sich später der Aufmerksamkeit der Königsfamilie erfreute. Das Kloster Wald im Unterallgäu wurde 1868 von den Englischen Fräulein in Mindelheim übernommen, die darin ein Mädchenpensionat einrichteten.

Für das spirituelle Leben des Katholizismus war die Allgäuer Erweckungsbewegung Ende des 18. Jhs. bedeutsam. Sie hatte seit 1793 ihr Zentrum in Seeg, wo Johann Michael Feneberg wirkte, der sich der von Johann Michael Sailer, später Bischof von Regensburg, in Dillingen geforderten »Innigkeit« und Besinnung auf das »Alte Wahre« mit einer Hinwendung zur Theologie der Offenbarung verbunden fühlte. Die spätere Wendung zum Mystizismus lehnte Sailer jedoch ab.

Der Protestantismus im Allgäu war eine Angelegenheit der Reichsstädte Kempten, Memmingen und Kaufbeuren. Mit dem schon erwähnten Edikt von 1809 wurden die evangelischen Pfarreien im Allgäu zwischen den Dekanaten in Kempten und Memmingen aufgeteilt, diese unterstanden nacheinander den Generaldekanaten Ulm, Augsburg und München. Das Religionsedikt vom 10. Januar 1803 erlaubte u. a. die Heirat zwischen Katholiken und Protestanten, was bewirkte, dass ein gewisser katholischer Zuzug in die Städte einsetzte. Die Landbevölkerung des Allgäus blieb aber in der Regel bei ihrem katholischen Glauben, die ersten Protestanten, die aufs Land kamen, waren meist Beamte, Angestellte, Hausierer oder Dienstboten. Das Zusammenleben der Konfessionen war friedlich, und es war da und dort sogar üblich, dass die Kinder der Evangelischen in katholischen Kirchen getauft wurden.

In Füssen und Wangen bildeten sich die ersten evangelischen Gemeinden zu Beginn des Jahrhunderts. Mit dem Eisenbahnbau und der beginnenden Industrialisierung kamen auch evangelische Arbeiter und Arbeiterinnen ins Allgäu, die seelsorgerisch betreut werden mussten. Immenstadt, Röthenbach und Oberstaufen wurden zu Sammelplätzen und nach dem Ende der Bahnarbeiten entstand 1861 in Immenstadt eine eigene evangelische Gemeinde. Insgesamt wuchsen die protestantischen Gemeinden im Allgäu im 19. Jh., in Immenstadt, Füssen, Sonthofen, Oberstdorf und Lindenberg wurden neue evangelische Kirchen gebaut.

Vom Aufbruch nach Deutschland 1848 bis zum bitteren Ende 1945

Der Traum vom großen Deutschland und der großen Freiheit 1848

Wie bei der Mediatisierung zu beobachten war, fehlte ein Rekurs auf ein regionales »Allgäubewusstsein« als motivierender Ausdruck für ein übergreifendes, die gesamte Region repräsentierendes politisches Handeln. Man dachte und fühlte als Reichsstädter aus Memmingen, Kempten oder Kaufbeuren, als Untertan des kemptischen Stiftsstaates oder des augsburgischen Bischofs. Erfahrungen mit politischer Repräsentation in Form von Landständen hatte man allenfalls im Stift Kempten sammeln können, jedoch waren diese Stände mit dem Untergang ihrer Herrschaft ebenfalls zu Ende gekommen.

Mit der Verfassung von 1818 fand die politische Repräsentation des Allgäus in der Kammer der Abgeordneten für Gesamtbayern statt. Soweit heute ersichtlich, fanden sich die hiesigen Deputierten nicht zu einer wie auch immer gearteten gemeinsamen Allgäu-Fraktion oder ähnlichem Parlamentsclub zusammen. Lediglich 1841 schlossen sich die Abgeordneten aus Lindau, Kempten und Kaufbeuren zusammen, um für den Eisenbahnbau Augsburg – Kaufbeuren – Lindau – Schweiz – Italien zu werben, was letzten Endes mit dem Landtagsentscheid von 1843 für die Ludwig-Süd-Nord-Bahn Erfolg hatte.

In der Biedermeierzeit und im Vormärz war das Allgäu eine Region der verschiedenen Geschwindigkeiten bei den Umstellungen: Die von Carl Hirnbein angestoßene und vor allem im Oberallgäu immer erfolgreichere Umstellung auf Grünlandwirtschaft mit neuen Verdienstmöglichkeiten kam im Ost- wie auch im Unterallgäu langsamer voran; Eisenbahnanschluss und vorhandene Wasserkraft machten Kempten zu einem Zentrum der Industrialisierung, während die Fabrik in Kaufbeuren bis weit ins 19. Jh. hinein singulär blieb und der

Triumphbogen für König Ludwig I. und seine Gemahlin Therese zu ihrem Besuch in Kaufbeuren 1829.

Memminger Raum erst mit dem Eisenbahnanschluss aufholen konnte. Der zur Montgelas-Zeit noch so reformfreudige Staat wurde mit den neuen sozialen, wirtschaftlichen und politischen Herausforderungen nicht mehr richtig fertig.

Wie früher konzentrierte sich das politische Leben im Allgäu auf dessen Städte. Mochte der große offizielle Besuch Ludwigs I. mit seiner Gemahlin Therese im Frühherbst 1829 etliches zur weiteren Integration der schwäbischen Lande in das neue Königreich beigetragen haben, mochte die zunehmende Präsenz des Königshauses ab 1832 im Schloss Hohenschwangau Annäherungen zwischen Bevölkerung und Monarchie zeitigen – die wirtschaftlich-sozialen Probleme wurden davon nicht gelöst. Der Bevölkerungszuwachs seit der napoleonischen Zeit konnte in der Landwirtschaft nicht mehr richtig untergebracht werden. Die Arbeitsplätze wurden knapper. Die restriktive Sozial- und Heiratsgesetzgebung ließ die Zahl der unehelichen Geburten ansteigen und die Auswanderung nach Amerika wurde immer mehr zu einer verlockenden Alternative. 1852 erreichte diese Auswanderungswelle in den Landgerichten Füssen und Kaufbeuren einen ersten Höhepunkt, als 58 Einzelpersonen und fünf Familien das Allgäu verließen.

Währenddessen hatten seit den 1820er Jahren die Allgäuer Kauf- und Handelsleute sowie die städtischen Unternehmer die wirtschaftsliberalen Ideen Westeuropas mehr und mehr kennengelernt. Zwar bot das neue Königreich schon einen erweiterten zollfreien Binnenmarkt, aber das Wirtschaftsleben empfand die immer noch bestehenden zwischenstaatlichen Zölle und Beschränkungen als zunehmend unerträglich, weil einkommensmindernd. Der Kaufbeurer Kaufmann Johann Melchior Elch stand Friedrich List und seinen Zollvereinsideen sehr nahe und sah sich 1834 mit der Gründung des Deutschen Zollvereins in seinen Bestrebungen bestätigt. Auch Christoph Friedrich Heinzelmann aus Kaufbeuren, erfolgreicher Unternehmer und Fabrikant, seit 1825 Abgeordneter des Landtags für den Oberdonaukreis, zählte zu den angesehensten Liberalen des Allgäus und Schwabens – und trat intensiv für eine Erweiterung der Presse- und Versammlungsfreiheit ein. Neben den in diesen Biedermeier- und Vormärzjahren aktiven Augsburger Zeitungen (*Allgemeine Zeitung*, *Augsburger Abendzeitung*) wurde ab 1848 unter der leitenden Redaktion von Balthasar Waibel die *Kemptner Zeitung* zu einem anerkannten und vielgelesenen Organ des Linksliberalismus.

Die Landtagswahlen von 1831 hatten ohnehin der liberalen Opposition die Mehrheit gebracht, Ludwig I. und sein konservatives Ministerium reagierten darauf ungeschickt und restriktiv und verhängten eine Zeitungszensur; zudem verweigerten sie Abgeordneten, die aus dem Beamtenstand kamen, den Zutritt zur Kammer. Protest erhob sich, besonders die Bürgerschaft Kemptens exponierte sich und erhielt daraufhin Besuch von einem Regierungskommissär, der hochnotpeinliche Untersuchungen anstellte.

Liberalismus und ein zunehmend autokratischer König standen sich in den 1840er Jahren in Bayern immer misstrauischer und feindseliger gegenüber. Da verbanden sich im Februar 1848 die Nachrichten über den Sturz des französischen Königs mit dem Münchner Unmut über die Königsaffäre mit Lola Montez, Bürger und Studenten gingen auf die Straße – und der König wich zurück: Am 6. März 1848 willigte Ludwig I. in die sog. Märzforderungen ein, versprach die Aufhebung der Zensur, die Presse- und Versammlungsfreiheit, eine Verbesserung der Wahlgesetze, Ministerverantwortlichkeit vor dem Parlament und die Einberufung des Landtages für den 16. März.

Kempten reagierte auf diese Nachrichten mit einem Volksfest am 10. März, dem Tag, als die neuen Soldaten seiner Garnison auf den König vereidigt wurden; es wurde Freibier ausgeschenkt, was die radikalen Liberalen missgünstig aufnahmen. In Memmingen gab es am 8. März noch eine große Volksversammlung mit Fahnen, Fackelumzug und Ergebenheitsadresse an den König, und in Füssen gerieten die Ereignisse fast außer Kontrolle, da sie sich gegen Bürgermeister und Stadtschreiber persönlich richteten und Bauern aus Schwangau, Buching und Trauchgau in die Stadt ziehen wollten, um den Forderungen Nachdruck zu verleihen. Immenstadt schmückte seine Häuser mit schwarz-rot-goldenen Fahnen und veranstaltete einen Fackelzug am 12. März. Viel Aufregung verursachten die Gerüchte des sog. »Franzosenlärms«, die von einer Wirtshausschlägerei am 24. März in Alt-Breisach ihren Ausgang nahmen, sich am 25. März vor allem im Württembergischen Allgäu zur Schreckensnachricht eines französischen Einfalls im Badischen aufblähten und die Städte Isny, Wangen, Lindau, Leutkirch, Immenstadt und Oberstdorf in erhebliche Unruhe versetzten. Der liberale Immenstädter Landtagsabgeordnete Fidel Schlund hatte mit seinen Reden nicht wenig zu dieser Gerüchteküche und zur allgemeinen Aufregung beigetragen.

Ende März 1848 bildete sich am Frankfurter Bundestag, dem höchsten Organ des Deutschen Bundes, ein Vorparlament, das die Wahlen zur Deutschen Nationalversammlung vorbereitete. Das Allgäu wurde nun in sechs Wahlbezirke für die indirekte Wahl eines Abgeordneten (Frauen durften nicht

Fidel Schlund aus Immenstadt, 1848.

wählen und sich auch nicht wählen lassen!) eingeteilt: Kaufbeuren mit dem Ostallgäu, Kempten mit dem Oberallgäu, Memmingen mit dem Unterallgäu und Weiler; Leutkirch gehörte zum Wahlkreis Biberach und Wangen zum Wahlkreis Ravensburg. Als am 28. April 1848 dann mittels Wahlmänner gewählt wurde, zogen als Allgäuer Abgeordnete in die Nationalversammlung Dr. Karl Kirchgäßer (WK Weiler), Prof. Johann Baptist Haggenmüller (WK Kempten), Assessor Mayer (WK Memmingen), Dr. Marquard Barth (WK Kaufbeuren), Fürst Maximilian von Waldburg-Zeil-Trauchburg (WK Biberach) und Kaplan Georg Pfahler (WK Ravensburg) ein. Die anfängliche Euphorie in der Frankfurter Nationalversammlung wich bald einer realistischen Einschätzung, wie sie der Abgeordnete Haggenmüller verlauten ließ: Es werde in der Paulskirche noch

Deutsche Nationalfahne auf dem Kaufbeurer Rathaus am 9. April 1848.

heftige Kämpfe zwischen den Abgeordneten geben, wenngleich er doch insgesamt noch den guten Willen dabei erkenne. Grundfehler wäre aber die Sucht, dauernd unrealistische Anträge zu stellen und Reden zu halten, wobei sich die norddeutschen Abgeordneten besonders hervortun würden.

In der Zwischenzeit hatte König Ludwig I. am 20. März abgedankt, sein Sohn und Nachfolger Maximilian II. legte den Beschlüssen des Reformlandtags von 1848 nichts in den Weg. Das Wahlrecht wurde geändert: Nach Abschaffung des ständischen Zensuswahlrechts wurde von nun an in den neu gebildeten Wahlkreisen nach dem indirekten Verhältniswahlrecht von Wahlmännern gewählt. Es entstanden die Landtagswahlkreise Kaufbeuren mit Stadtgebiet, dem Landgericht und den Landgerichten Buchloe, Türkheim, Mindelheim und Marktoberdorf, der Wahlkreis Memmingen u. a. mit Obergünzburg

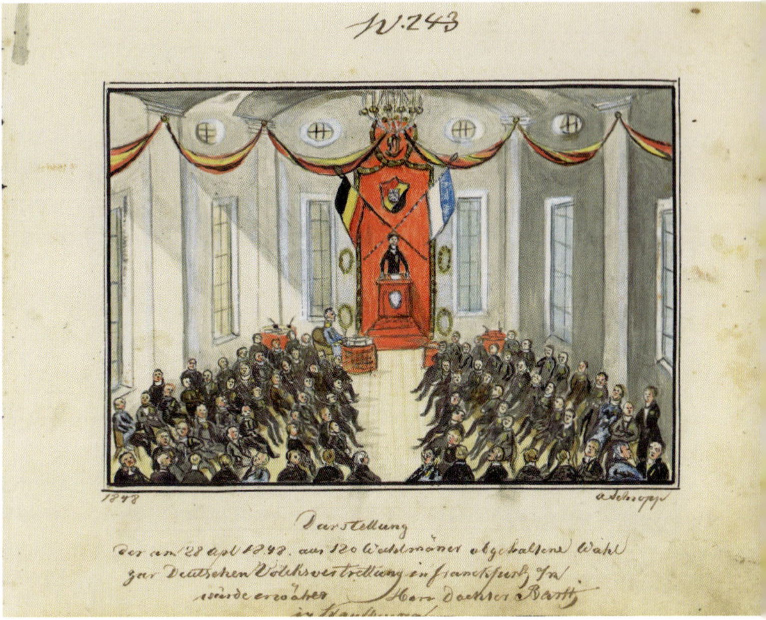

Wahlmännerversammlung in Kaufbeuren am 28. April 1848 für die Frankfurter Paulskirche.

sowie der Wahlkreis Kempten (Stadt und Landgerichte im Oberallgäu) mit dem Landgericht Füssen. Bei den Landtagswahlen am 7. Dezember 1848 gingen die radikaldemokratischen Kandidaten als Sieger in Wahlkreisen hervor: So unwahrscheinlich es heute klingen mag, aber das Allgäu galt damals allgemein als ausgesprochen »links«.

Im ganzen Jahr 1848 war es zur Bildung von Bürger- oder Volksvereinen gekommen, wie in Kempten Mitte April 1848 z. B. der Volksverein ins Leben gerufen wurde, der sich des Wohlwollens der *Kemptner Zeitung* erfreute. In diesen Vereinen kann man durchaus die Vorläufer der heutigen politischen Parteien sehen. Daneben organisierten sich aber auch Interessensverbände wie z. B. Arbeiterbildungsvereine, aber auch im Dezember 1848 in Kempten und Memmingen die Gewerbevereine, die für das Handwerk die Aufgaben der früheren Zünfte übernahmen. Großen Zulauf im ganzen Allgäu erhielten die den Volksvereinen nahestehenden Freikorps, die auch eine erhebliche Nähe zur bürgerlichen Landwehr aufwiesen. Die Freikorpsmitglieder, in der Regel volljährige Bürgersöhne, sollten die demokratischen Ideen verbreiten. Dazu hielten sie Versammlungen ab, wie z. B. in Niedersonthofen am 13. August 1848, wo sich die Freikorpsmitglieder von Immenstadt, Kempten, Wiggensbach und Rettenberg versammelten für militärische Übungen, politische Verbrüderungen, geselliges Zusammensein, das Singen vaterländischer Lieder und die Erfrischung am gestifteten Freibier.

In sehr vielen Allgäuer Orten wurden im August 1848 Volksvereine gegründet, u. a. in Fischen, Oberstdorf, Sonthofen, Kaufbeuren, Nesselwang, Obergünzburg, Ronsberg und Röthenbach; auch wenn diese Aufzählung unvollständig ist, so kann im Ober- eine größere Dichte als im Ostallgäu beobachtet werden.

Bis in den Oktober hinein hielten diese Treffen der Volksvereine und der Freikorps an, bei den Manövern des Isnyer Korps sang der Immenstädter Liederkranz, bei dem »Bezirks-Freikorpsfest« des oberen Illertals am 10. Oktober ließ man zum Schluss die Demokratie hochleben und feierte die deutsche Nationalversammlung.

Verzögert organisierte sich ab Herbst 1848 auch eine politische Gegenrichtung, es wurden ausgesprochen konservative und konstitutionell-monarchische Vereine gegründet, es entstanden die katholischen Pius-Vereine; der »konstitutionelle Verein«, den der gemäßigte Kemptner Bürgermeister Dr. Karrer im August 1848 gründete und der sich für eine temperierte Weiterentwicklung der konstitutionellen monarchischen Verfassung aussprach, erschien jedoch vielen als zu zahm. Allerdings standen dieser und die anderen gemäßigten Vereine durchaus nicht allein auch im übrigen Schwaben, wenngleich die demokratisch-republikanischen Volksvereine und -gruppierungen das Übergewicht hatten und durch ihre Agitation mehr öffentliche Aufmerksamkeit erhielten. So kursierte seit Dezember 1848 in Füssen und seinem Landgericht das Flugblatt »Verjaget alle Fürsten und schaffet freie Republiken!«

Das Ende der liberalen 48er-Bestrebungen im Allgäu

Als der neue Landtag am 16. Januar 1849 zusammentrat, zählte die demokratische Linke mit 58 Abgeordneten, darunter alle Allgäuer Deputierten, die Mehrheit und begrüßte den von der Deutschen Nationalversammlung vorgelegten Verfassungsentwurf für das zukünftige Deutsche Reich, der neben dem Katalog der Grundrechte für das Deutsche Volk auch die zukünftige Staatsform als erbliches Kaiserreich vorsah und die bisherigen deutschen Bundesstaaten in ihrer Souveränität degradierte.

Es ist wohl verständlich, dass der König, die Kammer der Reichsräte und die Konservativen im Landtag davon nichts wissen wollten, so wurde der Landtag vom König ab dem 8. März 1849 vertagt, um dann am 10. Juni 1849 aufgelöst zu werden; Neuwahlen fanden am 24. Juli 1849 statt.

Mitte April 1849 leitete die Nationalversammlung die Verfassung den Einzelstaaten zur Einführung zu, Bayern lehnte am 23. April ab, ebenso wie Preußen und Österreich. Am 9. April fanden nun die ersten großen Versammlungen der Volksvereine im Allgäu für die Einführung der Reichsverfassung statt: In Kaufbeuren gründete sich an jenem Tag der Volksverein für die Deutsche Einheit und für die Deutschen Grundrechte, der sich dem gleichnamigen Verein in Augsburg anschloss; am gleichen Tag versammelte sich auch in Memmingen der dortige Märzverein. In Immenstadt rief Fidel Schlund für den 10. April an die 600 Personen zusammen, meistens Abgesandte anderer Volks- und Märzvereine aus dem Allgäu. Als Hauptort für den Zusammenschluss aller dieser Vereine wurde Kempten gewählt, von dort aus wandte sich der jetzt »Kemptner Volksverein« im Namen aller anderen Allgäuer Vereine an den König direkt und forderte die Einberufung des Landtages und die Annahme der Reichsverfassung und der deutschen Grundrechte. In der großen Versammlung am 6. Mai 1849 in Kempten, bei der die *Kemptner Zeitung* über 10 000 Teilnehmer zählte, wiederholten die Redner die obigen Forderungen und ließen eine Adresse an die Abgeordneten des Landtages abgehen, die über 7000 Teilnehmer unterschrieben. Ähnliches wiederholte sich im Laufe des

Mai auch in anderen Allgäuer Städten wie Kaufbeuren, Memmingen, Sonthofen und Weiler. Trotz des großen Zuspruchs der Versammlungen sah die Regierung in München die Ruhe noch nicht gefährdet.

Das änderte sich nach den Vorfällen in Füssen und Immenstadt, als dort zum bewaffneten Widerstand aufgerufen und die Übernahme der Landwehr angestrebt wurde. Allerdings verfehlte dieser Aufruf vom 17. Mai 1849 seine Wirkung, die Immenstädter Bevölkerung schrak vor dem offenen Aufruhr zurück. Die Regierung in München holte über die Landrichter und Stadtkommissare genauere Informationen über die Volksstimmung im Allgäu ein. Sie besagten, dass die Mehrheit der Bevölkerung keine Konfrontation wünschte, sondern Ruhe. So ganz schien diese Einschätzung jedoch nicht zu stimmen, denn die Vertreibung der Nationalversammlung aus Frankfurt und die Aufhebung des Landtags ließen für die Versammlung der Turner in Immenstadt am 1. Juli das Ungemach der Volksbewaffnung befürchten. Es kam nicht so weit. Die Regierung verlegte ab dem 30. Juni loyale Truppen aus Niederbayern über ihre Sammelstelle Donauwörth unter dem Kommando des Generals Georg Friedrich von Flotow nach Kempten, Immenstadt und Weiler. Fidel Schlund und einige andere machten sich aus dem Staub, die Einquartierungen mit ihren Lasten wirkten sehr abkühlend auf das politische Gemüt. Ab Mitte Juli begannen sich in Füssen, Obergünzburg und Marktoberdorf die Volksvereine wieder aufzulösen.

Für die Landtagswahl hatte die Regierung die Wahlkreise neu zugeschnitten, aber es lag sicherlich nicht allein daran, dass alle bisherigen demokratischen Abgeordneten und Kandidaten durchfielen. »Es möchte scheinen, daß die Allgäuer am Wahltage nicht recht bei Trost waren!«, konstatierte die *Kemptner Zeitung* fassungslos. Es waren nun Abgeordnete der konservativ-konstitutionellen Richtung, die das Allgäu in der Abgeordnetenkammer vertraten. Im September 1849 wurden die einquartierten Truppen entweder abgezogen oder in Kasernen verlegt, im Dezember setzte ein Amnestiegesetz die bisher inhaftierten Anführer der vermeintlichen Revolution, unter ihnen Johann Baptist Haggenmüller und Assessor Mayer von

Ottobeuren, wieder in Freiheit, ohne dass sie von ihren politischen Idealen Abstand genommen hätten.

Die Ereignisse zeigten auch, dass die politische Stimmung im Allgäu erheblich von liberalen, demokratischen und auch deutsch-nationalen Stimmungen beeinflusst war. Es war eben nicht das eher unauffällige, fromme neubayerische Gebiet, sondern die politische Intelligenz orientierte sich trotz bayerischer Staatszugehörigkeit an den liberalen und nationalen Ideen, wie sie sich in der Paulskirche 1848 manifestierten, und das revolutionäre Geschehen in der Pfalz und in Baden übte unbedingt eine gewisse Faszination aus. Der Chronist des Allgäus für das 19. Jh., Joseph Rottenkolber, resümierte deshalb: »Und das war der Hauptfehler der Allgäuer; sie hatten die Hoffnungen zu radikal und mit zu großem Optimismus verfolgt. Das war ihr Fehler und damit auch ihr Sturz. Sie waren zu sehr Idealisten, wo sie als Allgäuer mehr hätten Realisten sein sollen.«

Die politische Ruhe, die ab 1850 im Allgäu so nach und nach eingetreten war, darf nicht darüber hinwegtäuschen, dass der bayerische Staat von jetzt an innig geliebt worden wäre. Freilich jubelte man dem König und seiner Gemahlin beim Besuch vom 23. Juli 1849 zu, als das Paar das gefürchtete Zentrum der Allgäuer Demokraten, Kempten, besuchte. Auch die zahlreichen Reformgesetze des 1848er Jahres wie Grundentlastung wurden von der Bevölkerung gerne angenommen, und die zweifelsohne sozial orientierte und fortschrittliche Gesetzgebung König Max' II., die über seinen Tod hinaus in der endgültigen Trennung von Justiz und Verwaltung auf der untersten Ebene (1868) einer neuen Gewerbefreiheit (1869) und einer neuen Gemeindeordnung (1869) reichte, ließen das damalige Bayern und damit auch das Allgäu dem Ideal eines gut administrierten Staates näher kommen.

Das Allgäu und die Entstehung des Bismarckreiches

Die Kriege um die deutsche Einheit von 1864, 1866 und 1870/71 sahen das Allgäu nicht als Kriegsschauplatz. Erst an den beiden letzteren nahmen bayerische Truppen und damit auch Männer aus dem Allgäu teil. 1866 wurde das in Kempten stationierte I. Bataillon des 3. k.b. Infanterieregiments ins mittelfränkische Forchheim verladen und geriet prompt am 24. Juli bei Roßbrunn in Unterfranken als einziger Truppenteil des Regiments ins Gefecht, bei dem es zehn Gefallene verlor, darunter den Bataillonskommandeur. Das Kemptner Reitereskadron »Egloffstein« vom IV. Cheveauleger-Regiment zeichnete sich bei der Attacke gegen die preußische Kavallerie bei Bad Kissingen aus und sorgte für den einzigen bayerischen Reitersieg in diesem Krieg. Als dann in Kempten wie in anderen Allgäuer Städten die Landwehr mobilisiert wurde, bemerkte die *Kemptner Zeitung* in Erinnerung an die Idee des Liberalismus kritisch: »Die wenigsten Männer auf dem Land verstehen mit dem Gewehr umzugehen. Zur Organisation des Landsturmes fehlt die Begeisterung, der innere Drang, die notwendige Freiheitsliebe.« Die Niederlage Bayerns in diesem Krieg, die mit einer Kriegsentschädigung, Gebietsverlusten und Einschränkungen der bayerischen Souveränität bezahlt werden musste, fand im Allgäu keine bekümmerte Resonanz, vielmehr gedachte der Kaufbeurer Chronikeintrag über diesen Krieg des gesamten Deutschlands: »Ja, es ist dieser Tag verhängnißvoll für das deutsche Vaterland geworden, verhangnißschwer wie seit 50 Jahren kein anderer Tag.« Die Aufforderung des Kemptner Gemeindekollegiums vom 31. Juli an den bayerischen König, sofort Friedensverhandlungen einzuleiten, »... um unnötige Trennung der deutschen Staaten zu vermeiden ...«, kam jedoch um drei Tage zu spät, der Frieden war bereits am 28. Juli 1866 geschlossen worden.

Als am 16. Juli 1870 König Ludwig II. mit zähneknirschender Erfüllung seiner Bündnisverpflichtungen das bayerische Heer mobilisierte, war die Stimmung im Allgäu ganz anders. Auf der großen Volksversammlung vom 18. Juli in Kempten wurde dem König der Dank ausgesprochen, mit der ganzen Macht Bayerns gegen den Erbfeind zu ziehen und mit den norddeutschen Brüdern (!) bis zum Ende des Kampfes ausharren zu können. Jetzt wurde in den Zeitungen auch ausführlich über die Kämpfe der Kemptner Jäger und der anderen Allgäuer Truppen berichtet, bei den Nachrichten über den Feldzug von 1866 waren die Artikel ja außerordentlich zensurgeschönt, um die Misserfolge zu bemänteln. Allerdings klaffte zwischen den sieges- und nationaltrunkenen Zeilen, mit denen die Kämpfe des Kemptener Jägerbataillons bei Bazeilles in der Schlacht von Sedan beschrieben wurden, und der Wirklichkeit auch eine erhebliche Lücke!

In allen Allgäuer Städten begannen die bürgerlichen Frauenvereine und -verbände mit Sammlungen an Wäsche und Lebensmittel für die im Feld stehenden Soldaten, offensichtlich waren die Allgäuer Soldaten ohne Leibwäsche ausgerückt, denn diese wurde in den Sammlungen ausdrücklich nachgefragt. Und wie 1866 wurde besonders gern Backsteinkäse zu den Truppen geschickt.

Der Sieg bei Sedan am 1. September 1870 wurde in Kempten und in den anderen Städten mit Jubel und Freude gefeiert, man hoffte auf eine baldige Rückkehr der Soldaten. Doch dann zeigte sich das andere Gesicht des Krieges: Bei dieser Schlacht waren fünf Offiziere und 87 Mann des Bataillons gefallen, es sollten nicht die letzten unwiederbringlichen Verluste sein, wie die steinernen Gedächtnistafeln der Allgäuer Dorfkirchen ausweisen. Ende Oktober traf ein Verwundetentransport von 90 bayerischen und preußischen Soldaten in Memmingen ein, ein Teil wurde weiterverlegt ins Kloster Ottobeuren, wo ein provisorisches Lazarett eingerichtet wurde. Ebenfalls in Ottobeuren wurden dann auch 1300 französische Kriegsgefangene interniert. In den Zeitungen wurde – immer noch unter Zensur – die anstehende Lösung der »deutschen Frage« diskutiert, im Allgemeinen herrschte im Allgäu eine nationalliberale Stimmung, die das kommende Deutsche Reich begrüßte.

Am 30. November 1870 spielte sich die deutsche Geschichte besonders im Allgäu ab, genauer: im Schloss Hohenschwangau. Hierher hatte sich Ludwig II. von Bayern (1845–1886) mit (vorgegebenen) Zahnschmerzen zurückgezogen, um irgendwie dem Beitritt Bayerns zum neuen Deutschen Reich aus dem Wege gehen zu können, hier stöberte ihn sein Oberststallmeister Max von Holnstein auf, hier wurde die Unterschrift des Königs gegen 17.00 Uhr unter den »Kaiserbrief« erzwungen, hier endete die Souveränität Bayerns. Und von Kaufbeuren aus raste Holnstein auf einer Dampflok nach Versailles, damit Bismarck ab dem 2. Dezember 1870 doch noch die entscheidenden Verträge für den pünktlichen Beginn des Deutschen Reiches zum 1. Januar 1871 signieren lassen konnte. Man könnte sagen: Vom Allgäu aus nahm das Deutsche Reich seinen Beginn. Von Dezember 1870 bis März 1871 zeigte der Krieg in Frankreich sein blutiges und hässliches Gesicht, das aber in Deutschland fast niemand sehen wollte, auch im Allgäu nicht. Vielmehr begrüßte man in den Gemeinden und auf den Höfen die Friedensverhandlungen mit Frankreich, und aufgrund des Vorfriedens von Versailles kam es im April und Anfang Mai fast überall im Allgäu zu entsprechenden Friedens- und Freudensfesten. Von einem solchen Fest in der Gemeinde Petersthal (heute Gemeindeteil von Oy-Mittelberg) am 1. Mai 1871 können wir durchaus auf die anderen Feierlichkeiten schließen: Nach dem Wecken durch Böllerschüsse formierte sich ein mit Blasmusik begleiteteter Festzug von Schuljugend »… mit Scherpen in deutscher Farbe …« (schwarz-weiß-rot), Veteranen des Feldzugs mit der bayerischen Fahne (weiß-blau), dem Jungfrauenbund mit schwarz-weiß-roter Schärpe und den Honoratioren. Zwei Messen wurden gehalten, ein Requiem für die Gefallenen, ein Lob- und Dank-Gottesdienst für den deutschen Sieg. Danach folgte ein Festakt, bei dem der Lehrer eine Rede hielt, die den französischen Erbfeind ebenso verdammte, wie sie die deutschen Waffen, Kaiser Wilhelm und Kanzler Bismarck lobte und pries (von den Wittelsbachern kein Wort!). Es wurde eine Friedenslinde zum Andenken gepflanzt, sie steht heute noch.

1873 kehrte dann das Kemptner Jägerbataillon vom Besatzungsdienst in Frankreich endgültig zurück, es begannen die Jahre des Friedens. Nur die Absetzung König Ludwigs II. 1886 sorgte mit widersprüchlichen Befehlen für etwas Aufregung.

Kulturkampf und Neugestaltung des politischen Lebens

Das Jahr 1870 hatte auch das Dogma von der Unfehlbarkeit des Papstes bei endgültigen Entscheidungen in Glaubens- und Sittenlehren gebracht, aus den Protesten dagegen entstand die Glaubensrichtung der Alt-Katholiken, die sich im Allgäu in etlichen Gemeinden wie Kempten, Kaufbeuren, Memmingen,

Waltenhofen, Immenstadt und Weiler zusammenfanden. Die katholische Kirche selbst stand seit 1872 im Kulturkampf in einer Auseinandersetzung mit dem Deutschen Reich und damit auch mit dem bayerischen Staat. So konnte Kultusminister Lutz die Veröffentlichung der Konzilsbeschlüsse im Einklang mit dem Konkordat und gestützt von den Liberalen im Landtag vom König abhängig machen und den Alt-Katholiken allenthalben staatlichen Schutz zusichern. Zwar wurde in Preußen der Kulturkampf mit der katholischen Kirche bereits 1878 von Bismarck abgebrochen, in Bayern kämpfte man bis 1889 weiter. So forschte gemäß Direktiven der schwäbischen Kreisregierung das Bezirksamt Füssen 1872–1874 besonders nach aus Preußen vertriebenen katholischen Priestern, nach Jesuiten, Redemptoristen und Angehörigen des 3. Ordens der Franziskaner.

Der Kampf gegen die Sozialdemokratie, die sich auch im Allgäu nach 1870 nach der Parteilinie August Bebels (1840–1913) orientierte, wurde im Allgäu eher zurückhaltend geführt. Das mag auch an der eher pragmatischen Ausrichtung der bayerischen SPD unter Georg von Vollmar gelegen haben, die fast paternalistische Sorge der Allgäuer Fabrikherren um die Arbeiterfamilien trug sicherlich auch dazu bei.

Immerhin errichteten um die Jahrhundertwende die Mechanischen Baumwollspinnereien und -webereien in Kempten und Kaufbeuren Werkswohnungen, die z. T. heute noch stehen (Am Webereck in Kaufbeuren). Überall dort, wo Industrieansiedlungen im Allgäu sich niedergelassen hatten oder entstanden waren, nahmen sich alsbald die Gewerkschaften der Belange der Arbeiterinnen und Arbeiter an. Neben den sozialistischen Gewerkschaften gab es noch die eher liberalen Hirsch-Duncker'schen Arbeitervertreter sowie die christlichen, vornehmlich katholischen Arbeiter- und Gesellenvereine. Aber bei allem – das Allgäu war trotzdem kein Arbeiterparadies: Die Sägerei Wiest in Kempten entließ 1906 alle 122 gewerkschaftlich organisierten Holzarbeiter, weil sie sich mit Streik für eine Wochenarbeitszeit von 59 Stunden und eine bessere Entlohnung eingesetzt hatten. Alle Entlassenen wurden durch Arbeiter aus Polen und Galizien ersetzt, was wiederum zu erheblichem Unmut in der Bevölkerung gegen die Fabrikleitung führte.

Wie die schon erwähnten Sozialdemokraten waren auch die (National-)Liberalen hauptsächlich in den städtischen Gremien der Gemeindebevollmächtigten von Kempten, Memmingen und Kaufbeuren vertreten und stellten dort bis zum Kriegsbeginn 1914 durchgehend die Mehrheiten. Erst ab 1905 konnte die SPD Kandidaten ins Kemptner Gremium entsenden; besonders der liberale Bürgermeister Horchler tat sich hervor, diese Partei in ihrer Wirkung zu behindern. Ähnlich war es in Kaufbeuren, wo vor allem der liberale Brauereidirektor Paul Bausenwein als zweiter Vorsitzender des Gremiums der Gemeindebevollmächtigten das nationale Wort führte und häufig in einen üblen Chauvinismus abrutschte. Die Konservativen im Allgäu hatten sich zunächst in der katholisch-klerikal gefärbten Bayerischen Patriotenpartei zusammengefunden, aus der die Bayerische Zentrumspartei hervorging, die dann 1887 in das reichsweite Zentrum einging. Geführt wurde diese Partei zunächst in Bayern vom in Immenstadt gebürtigen Joseph Edmund Jörg (1819–1901). Die Partei war auf dem Land sehr erfolgreich und bildete mit ihrer katholischen Ausrichtung ein erhebliches Gegengewicht zu den eher protestantisch verhafteten Liberalen in den Städten. Trotzdem galt das Allgäu bis weit in die 1870er Jahre hinein als Hochburg des Liberalismus, weil hier die Protestbewegung von 1848 eine (national-)liberale Fortsetzung fand. Besonders Sonthofen, Kempten und Lindau waren liberal dominierte Bezirke. Der Dauerkonflikt zwischen Liberalen und Konservativen (Zentrumspartei) hielt bis zum Kriegsbeginn 1914 an und entbehrte nicht eines deutlichen Antiklerikalismus, was sich besonders im Stadtbürgertum von Kempten, Memmingen und Kaufbeuren niederschlug.

Wie heftig die Konkurrenten von Liberalen und Zentrum um ein Reichstagsmandat im Allgäu aneinandergeraten konnten, zeigt die Episode aus dem Wahlkreis Immenstadt 1884: Pfarrer Joseph Schelbert vom Zentrum befehdete sich mit dem liberalen Kandidaten und wurde von einem liberalen Flugblatt angegriffen: »Wenn sie (die Ultramontanen) den ungebildetsten Hirten von den Alpen heruntergeholt hätten, er würde schwerlich so roh aufgetreten sein, wie

Herr Schelbert.« Doch der Pfarrer blieb nichts schuldig und drohte seinem Mitbewerber sogar Prügel an: »... und wenn Sie es mit der Faust ausmachen wollen, ich weiß die Wechsel und wenn Sie das meinen, hau ich sie grün und blau mit meinen Fäusten ...«.

Gründerzeit und Aspekte bürgerlichen Lebens im Allgäu vor 1914

Mit dem Geld, das durch die französischen Kriegsentschädigungen ab 1871 nach Deutschland strömte und hier die Gründerzeit initiierte, wurden auch im Allgäu einige Baumaßnahmen der Infrastruktur durchgeführt. So war zum 1. September 1849 in Kaufbeuren vom Schwäbischen Landtag (Vorläufer des heutigen Bezirkstags) die »Kreis-Irrenanstalt« gegründet worden, die zunächst im früheren Kloster Irsee untergebracht war. Aufgrund der rapid steigenden Krankenzahlen begann 1872 in Kaufbeuren der Bau eines neuen Anstaltsgebäudes, das auf 150 Betten ausgelegt war und 1876 eröffnet wurde. Die Einrichtung in Irsee blieb jedoch bestehen und wurde Teil der neuen Anstalt; dort waren vor allem Langzeitpatienten untergebracht.

In Kempten unterzog man das historische Rathaus ab 1874 einer gründlichen Restaurierung und versah es nach dem Geschmack der Zeit mit wuchtigen Formen der Neurenaissance. In diesem Zusammenhang sollte man auch den Neubau des Rathauses in Kaufbeuren sehen, das 1879–1881 von Georg von Hauberrisser als Neurenaissancebau aufgeführt wurde. Auch Infrastrukturmaßnahmen in den Städten kamen jetzt voran. In Kempten wurde unter Bürgermeister Adolf Horchler begonnen, die Stadt zu kanalisieren und die Straßen zu pflastern. Wie in Kaufbeuren wurde in diesen letzten Jahren des 19. Jhs. hier auch die Trinkwasserversorgung eingeführt. Jedoch stellte Kempten unter Horchlers Initiative im Gegensatz zur Wertachstadt bereits 1901 auf Elektrizität um (Kaufbeuren erst nach dem Ersten Weltkrieg), wobei ein eigenes städtisches Elektrizitätswerk die privaten, gewinnorientierten Versorger außen vor hielt. In Memmingen, das sich in den 1848er-Unruhen unter dem besonnenen Bürgermeister Adolf von Schelhorn sehr zurückgehalten hatte, prägte nun diese Bautätigkeit bereits das Gesicht der heutigen Stadt. Behördenbauten (Finanzamt, Forstamt), Schulen (Bismarckschule, Realschule), Krankenhäuser, Anlagen und Naherholungsbereiche (Badeanstalt, Dickenreiser und Buxacher Alleen) sprengten die Grenzen der alten Befestigungen.

Um 1900 kam auch die Kommunikationstechnologie des Telefons zum Tragen, besonders die Stadtverwaltungen erhielten wie in Kaufbeuren schon sehr früh einen Anschluss, der ihnen die Mitteilungen und Wünsche der Kreisregierung in Augsburg *cito citissime* zur Kenntnis brachte. In den Amtsstuben hielt die Schreibmaschine ihren Einzug (Kaufbeuren 1903), aber die allgemeine Büroreform 1905 scheiterte an den vorgegebenen Registraturstrukturen.

Neben der stetigen Weiterentwicklung und Expansion der Allgäuer Textilherstellung kam es im Lebensmittelgewerbe zu nachhaltigen Neugründungen in der Kaiserzeit. Die Möglichkeit Milch zu konservieren war bereits in den 1840er Jahren in den USA entwickelt worden. So gründete die Berneralpen Milchgesellschaft 1905 in Biessenhofen bei Marktoberdorf eine Milchverarbeitungs- und -konservierungsfabrik. Der Standort im Landkreis mit der damals höchsten Milchviehdichte im Königreich Bayern bot neben der Verkehrsanbindung auch noch genügend Grundwasser für Kühlung und Reinigung. Die hergestellte Kondensmilch wurde unter dem Namen »Bärenmarke« berühmt und existiert noch heute. Als »Allgäuer Alpenmilch GmbH« gründete das Werk dann 1934 die Tochterfirme ALETE Pharmazeutische Produkte GmbH. Hand in Hand mit diesem Ausbau der Milch- und Käseverarbeitung gingen die Entwicklungen von geeignetem pergamentartigem Versandpapier, das Heinrich Nicolaus ab 1884 in Ronsberg nach englischem Vorbild entwickelte, herstellte und vertrieb. Das lufthemmende, fettabstoßende Einwickelpapier für Weichkäse, Butter und ähnlichem konnte auch bedruckt werden und war für den Export sehr wichtig.

Kulturelle Entwicklung und das »Allgäu-Bewusstsein«

Im Bereich der geistig-kulturellen Entwicklung ragen in dieser Zeit zwei Persönlichkeiten hervor, deren Werk für die Bildung eines gemeinsamen »Allgäu-Bewusstseins« außerordentlich wichtig ist. Der Historiker und Archivar Franz Ludwig Baumann (1846–1915) schuf mit seiner dreibändigen Geschichte des Allgäus (1883–1894) die erste umfassende moderne Darstellung, die nicht nur in den folgenden Jahrzehnten intensiv rezipiert werden sollte, sondern die auch heute noch ihren Wert besitzt. Baumann stand als Direktor ab 1903 bis zu seinem Tod dem k.b. Reichsarchiv vor und sein Nachfolger, Georg Maria Jochner, stammte ebenfalls aus dem Allgäu. An die Verdienste Baumanns wird übrigens seit 1997 durch die »Gesellschaft Oberschwaben für Geschichte und Kultur« (nicht vom Allgäu!) mit einem Preis für hervorragende wissenschaftliche Leistungen erinnert. Ebenfalls von kaum zu unterschätzender Bedeutung für das Allgäu und der geistigen Gesamtidentifikation mit ihm ist das Werk von Karl August Reiser (1853–1922), aus Kornau bei Oberstdorf gebürtig, der mit seinem zweibändigen Werk *Sagen, Gebräuche und Sprichwörter des Allgäus* (1895) eine umfassende Sammlung Allgäuer Volksbräuche zusammenstellte. Für das Unter- und Ostallgäu sind die

Franz Ludwig von Baumann (1846–1915).

bereits ab 1860 erschienenen Bände *Das Bisthum Augsburg, historisch und statistisch beschrieben* (1864–1940), begonnen von Anton von Steichele und fortgeführt von Alfred Schröder, außerordentlich wichtig.

DIE BAYERISCHE ARMEE IM ALLGÄU

Im Gegensatz zu etlichen anderen Gebieten des Alten Reiches – Preußen steht hier an erster Stelle! – kannte das Allgäu bis in die bayerische Zeit hinein kein stehendes Heer. Die Allgäuer Reichsstände stellten im Kriegsfall die nötigen Rekruten den schwäbischen Kreisregimentern zur Verfügung, eigene Armeen, wären sie noch so klein, hatten sie nicht. Wozu auch?

Das änderte sich fast sofort, als das Allgäu dann bayerisch geworden war. Die k.b. Armee war im Allgäu hauptsächlich in Kempten und seiner Garnison vertreten. Seit 1803 war Kempten Standort verschiedener Truppenteile, besonders stark waren sie seit 1855. In den folgenden Jahren lagen bis zu 1400 Mann in der Stadt, als Teile der Regimenter König Otto von Griechenland (1855–1861) und Prinz Karl von Bayern (1861–1866) sowie eine Eskadron Chevaulegers (1859–1870) und ab 1866 das Erste Jägerbataillon in der Stadt stationiert waren. Als Unterkunft diente den Soldaten die Schlosskaserne (Nordflügel der stiftkemptischen Residenz) und die frühere Reitstallkaserne an der Memminger Straße. Ab 1897 bezog hier als Nachfolger des Jägerbataillons das zweite Bataillon des neugeschaffenen 20. Infanterieregiments Prinz Franz von Bayern seinen Standort; das Regiment mit Hauptsitz in Lindau galt von da an als Allgäuer Hausregiment. Weitere Soldatenstützpunkte wurden im Allgäu dann erst in der Zeit des Ersten Weltkriegs eingerichtet: Das 1. Jägerbataillon kehrte wieder nach Kempten zurück, in Immenstadt und Umgebung nahm das Ersatzbataillon des 3. Jägerregiments Station und Memmingen wurde Standort des 3. k.b. Reserveregiments. In Oberstaufen stationierte sich eine preußische Gebirgsmaschinengewehrabteilung und in Isny und Leutkirch nahm die Ersatzabteilung des württembergischen Gebirgsbataillons Garnison.

Die Präsenz der bewaffneten Macht im Allgäu besteht seitdem fort, auch zwei verlorene Weltkriege konnten daran nichts ändern.

Erster Weltkrieg

Der Erste Weltkrieg setzte der Friedenszeit ein jähes Ende, auch wenn die entsprechende Entwicklung schon länger erkennbar war – es sei denn, man war Schlafwandler.

Der Jubel, unter dem Anfang August 1914 in Deutschland wie anderswo in Europa der Waffengang begrüßt wurde, wich bald den ernüchternden und niederdrückenden Zuständen des Kriegsalltags. Getrieben von den Kriegsnotwendigkeiten griff der Staat immer weiter in das Leben seiner Bürgerinnen und Bürger ein: Ablieferungskontingente für die Landwirtschaft bei gleichzeitigem Arbeitskräftemangel, Kriegsproduktion in den Fabriken mit zunehmender Dienstverpflichtung und gleichzeitig eine immer mehr sich zuspitzende Versorgungslage.

Die Verwaltung reagierte mit der Einrichtung von Stellen für die Lebensmittelversorgung in den Allgäuer Städten, wie z. B. in Kempten. Als sich dort 1917 ein erheblicher Engpass in der Lebensmittelbeschaffung abzeichnete, wurden städtische Wiesen und Anlagen in Gemüsegärten umgewandelt. Außerdem wurden die Stadt- und Bezirksverwaltungen von den Anforderungen nach Sammeltätigkeit für kriegsverwertbares Material beständig auf Trab gehalten. Kriegsverwertbar war fast alles: Brennnessel für die Textilherstellung und für die Lebensmittelindustrie, Bunt- und Konservenmetall, Kirchenglocken, ausgeschriebene Stahlfedern der Schreibfederhalter, aber auch ausgebrannte Glühbirnen und alte Hausschlüssel – die Liste ließe sich fortsetzen. Im Rahmen der sog. Kriegsnagelungen – das waren Spendenaktionen, bei denen man Nägel verschiedener Größe kaufen und in ein hölzernes Wahrzeichen einschlagen konnte – wurde in Kaufbeuren dann auch 1917 im Fünfknopfturm der alten Stadtmauer ein Nagelbild eingefügt, das heute noch besichtigt werden kann.

Eine besondere Herausforderung war die Versorgung der Kriegsverwundeten in den Lazaretten. Die jüngsten Forschungen für Kaufbeuren haben gezeigt, dass für die Lazaretteinrichtung und deren Betrieb die Organisationen des Roten Kreuzes und der Stadtverwaltung eng zusammenwirken muss-

Ausrückende Ersatztruppen im Ersten Weltkrieg in Kempten.

ten, begleitet von Frauenverbänden und -vereinen. So wurde dort 1914 der Stadtsaal für das erste Lazarett hergerichtet, dem 1918 ein zweites im sog. Männerpavillon der Heilanstalt folgte. Dort wurden auch die am schwersten psychisch traumatisierten Soldaten behandelt, denen elektrische Schocktherapien aber erspart blieben und die in den »normalen« Anstaltsbetrieb aufgenommen wurden. Überall in den Allgäuer Städten und bei anderen geeigneten Heileinrichtungen wie Sanatorien waren nun Lazarette entstanden, im Unterallgäu ist hier besonders Bad Wörishofen zu nennen.

Ohne Zweifel brachten die Lazarette, aber auch die Kriegsurlauber, die oftmals im südlichen Allgäu zur Auffrischung untergebracht waren, den Kriegsalltag und dessen unvorstellbare Gräuel der Bevölkerung nahe. So musste die Regierung von Schwaben am 25. Juni 1917 feststellen: »Die Stimmung im Volke im allgemeinen ist vielfach recht mißmutig und verärgert; bedauerlicherweise erhält diese Mißstimmung immer wieder besondere Nahrung und Stärkung durch das manchmal maßlose Schimpfen vieler Militärurlauber ...; die Absicht dieser schimpfenden Soldaten ist jedenfalls nicht so schlimm wie die Wirkung auf die Zuhörer, besonders auf die Frauen.« Die Hungerkrisen, die im Mai 1916 und August 1917 in Füssen und im August 1916 in Sonthofen sich eingestellt hatten, lösten Unruhen aus. Die Kriegsmüdigkeit sowie die in der Bevölkerung zunehmende Skepsis gegenüber den Fähigkeiten der deutschen Politiker (ein auch im 21. Jh. sehr bekanntes Problem!) ließen den Bürgermeister von Kempten am 19. Oktober 1918 an die Regierung melden: »Im ganzen genommen herrscht gegenwärtig eine gedrückte Stimmung und teilweise, besonders in Arbeiterkreisen, eine gereizte Stimmung vor, welches für die Zukunft nichts Gutes verspricht.«

Revolution 1918/19

Die ersten Nachrichten über die Revolution brachten Reisende am 8. November 1918 gegen 11 Uhr in Kempten über den in München begonnenen Umsturz mit. Am gleichen Tag berichtete das *Tag- und Anzeigeblatt für Kempten* über die Vorgänge in München und rief zu Ruhe und Ordnung auf: nicht Revolution wäre geplant, sondern die Entwicklung Bayerns zum Volksstaat. Wie sich im Laufe des Tages herausstellte, waren die Offiziere der in Kempten sich befindlichen Truppen nicht mehr Herr der Lage. Abends fand eine Versammlung im Bürgersaal statt, in deren Verlauf sich ein Arbeiter- und Soldatenrat (ASR) unter dem Vorsitz des Arbeitersekretärs Wilhelm Deffner konstituierte. Die zwischenzeitlich aus München eingetroffenen Emissäre der USPD hatten das Nachsehen. Bürgermeister Horchler sicherte am 9. November dem ASR die Zusammenarbeit mit dem Magistrat zu. Am Sonntag, den 10. November etablierte sich nach einer Versammlung auf dem Königsplatz ein Bauernrat, der sich dem ASR anschloss und nun mit 20 Personen den ASBR (Arbeiter-, Soldaten- und Bauernrat) bildete, der sich mit dem städtischen Magistrat unter Bürgermeister Horchler hauptsächlich um die Aufrechterhaltung von Ruhe und Ordnung sowie einer geregelten Lebensmittelversorgung kümmerte. Das hatte Priorität vor revolutionärer Spielastik. Die bürgerlichen Parteien der Liberalen und des Zentrums formierten sich knapp eine Woche später, ihnen stand die *Allgäuer Zeitung* als Instrument der öffentlichen Meinungsbildung zur Verfügung. Sie wollten sich den vollzogenen Tatsachen nur unter dem Vorbehalt beugen, um einen Bürgerkrieg zu verhindern; ansonsten verwiesen sie auf die fehlende Legitimation der neuen Machthaber durch eine Volksabstimmung.

In Kaufbeuren verlief die Revolution ähnlich. Die Nachrichten der Revolution in München trafen ebenfalls am 8. November ein, mitten in eine Magistratssitzung unter der Leitung des tatkräftigen Bürgermeisters Dr. Volkhardt. Die Sitzung wurde abgebrochen, der Magistrat nahm Kontakt mit dem Ortsvorsitzenden der SPD, Eduard Waldmann, und des freien Gewerkschaftskartells, Wilhelm Rasig, auf und am nächsten Tag informierte ein Aufruf die Bevölkerung über die neuen Verhältnisse und die angestrebte Zusammenarbeit, um vor allem Ruhe, Ordnung und – ganz wichtig – die Lebensmittelversorgung zu gewährleisten. Auch in Memmingen war der Arbeiter-, Soldaten- und Bauernrat von Anfang an bereit, mit dem städtischen Magistrat zusammenzuarbeiten, wieder standen Ruhe, Ordnung und Lebensmittelversorgung im Mittelpunkt. Es kam zu einer bemerkenswerten Arbeitsteilung: Der Magistrat kümmerte sich um die kommunalen Sachprobleme, der Rat sorgte in Zusammenarbeit mit der Polizei für die öffentliche Sicherheit und stützte das Stadtregiment so gut es ging gegen übergeordnete Instanzen.

Auf dem Land waren die Verhältnisse anders: Ein Flugblatt in Sonthofen forderte Solidarität mit der Räterepublik, doch war dies ein Einzelfall. Da die neue Regierung von Kurt Eisner die Beamtenschaft in ihren Stellungen beließ, passte sich diese und die Gendarmerie nichtrevolutionär den neuen Verhältnissen an. Der am 18. November 1918 im Bezirksamt Kaufbeuren gegründete Bauernrat war unter der Teilnahme der Obmannschaften des christlichen Bauernvereins alles andere als revolutionär, der Vertreter des Bayerischen Bauernbunds sprach davon, dass nach den Landtagswahlen vom 12. Januar 1919 die

Räte verschwinden müssten. In Marktoberdorf gründete Bezirksamtmann Dr. Kayser selbst Ende November 1918 einen Arbeiter- und Bauernrat, um die Interessen sowie den Frieden im Bezirk besser wahren zu können. In Memmingen hielt der neue Ministerpräsident Kurt Eisner im Dezember 1918 die erste große Rede außerhalb Münchens.

Die Landtagswahlen vom 12. Januar 1919, an der zum ersten Mal auch Frauen teilnehmen konnten (und sollten), stellten das Ende der ersten Revolutionsphase dar: Die Bayerische Volkspartei (BVP, als Nachfolgerin der Zentrumspartei in Bayern) und die SPD errangen die meisten Mandate, die USPD des Ministerpräsidenten fiel vollkommen durch (drei Mandate). Zwar hatte die BVP ihre Mehrheit aus der Vorkriegszeit eingebüßt, aber mit dem Bauernbund zusammen stellte sie im Ostallgäu die einflussreichste Gruppierung. In Kempten sahen die Landtagswahlen ebenfalls die BVP an der Spitze, gefolgt von der MSPD und der neugegründeten DVP (Deutsche Volkspartei, als Nachfolgepartei der Nationalliberalen). Besonders der Stimmenanteil Letzterer zeigte, dass in Kempten im Gegensatz zum Ostallgäu der liberale Gedanke noch nicht völlig verloren war. Zweitstärkste Partei zumindest in den Städten war von nun an die (M)SPD. Auch in Kaufbeuren war ein solches Ergebnis festzustellen, im Bezirksamt Kaufbeuren allerdings war der Bayerische Bauernbund (BBB) weitaus stärker und nahm hinter der BVP den zweiten Platz ein; hier erhielten die Liberalen fast keine Stimmen.

In der zweiten Phase der Revolution setzte sich die Landesregierung unter Johannes Hoffmann von Bamberg aus gegen die radikalisierten Räte durch. Die neu gebildeten Freikorps kamen der Regierung dabei zu Hilfe. Zunächst aber schlossen sich die Städte Kempten und Kaufbeuren am 8. April 1919 der Münchner Räteregierung an, während Memmingen sich wohl in Erinnerung an die Selbsthilfe der Bürgerschaft von 1848 den Räten erfolgreich verweigerte. Aus dem Bezirksamt Mindelheim wurde der Wunsch der Distriktsbauernräte nach Bewaffnung der Landbevölkerung geäußert, um sich gegen bolschewistische Banden wehren zu können, wie es im Bericht des Regierungspräsidenten vom 24. April heißt. Das Freikorps

Schwaben des Majors von Pitrof rückte am 18. Mai in Kaufbeuren ein, die Stimmung war gereizt, denn ein Großteil der Truppen rekrutierte sich aus dem Bezirk Marktoberdorf. In Kempten rückten seit dem 12. Mai Einheiten des Freikorps gegen Bewaffnete der radikalen Volkswehr von den Industrievororten Kottern, Schelldorf und Neudorf, wo es zu Schusswechseln kam, vor. Ohne weiteren ernsthaften Widerstand wurde die Stadt besetzt und im Sinne der Landesregierung Ruhe und Ordnung wiederhergestellt.

In Füssen wurde das am 17. Mai bewerkstelligt: Verblüfft meldete das Bezirksamt an die Kreisregierung, dass dort keine Kommunistenherrschaft errichtet worden wäre. Die Angst vor weiteren Umsturzversuchen hielt aber an: Der Kommandeur des 2. Bayerischen Schützenregiments erhielt für das ganze (bayerische) Allgäu die Verantwortung für die Wahrung von Ruhe und Ordnung. Erst mit der Aufhebung des Kriegszustandes am 1. Dezember 1919 traten wieder vollkommen zivile Verhältnisse ein.

Teile des Freikorps Schwaben verblieben in Kempten, aus ihnen entstand das einzige Gebirgsjägerbataillon der Reichswehr, das dann in Kempten in Garnison stand.

Weimarer Republik

Mit der neuen Republik spielten auch die politischen Parteien eine wesentlich größere, eigentlich die bestimmende Rolle im politischen Leben. In Bayern erhielten die rechten Parteien unter dem ehemaligen Kaufbeurer Bezirksamtmann Gustav von Kahr als Ministerpräsident wohlwollende Duldung, als er die »Ordnungszelle Bayern« propagierte. In den Allgäuer Städten kam es in den Rathäusern zu einer Art Lagerbildung: Auf der bürgerlichen Seite standen die BVP und die Nationalliberalen und ihnen gegenüber die SPD. Die zunehmende wirtschaftliche Not – die Inflation nahm seit 1920 immer mehr zu! – führte zu einer Radikalisierung, wie die Arbeiterproteste in Kempten im Sommer 1920 zeigten. Auf dem Land aber teilten sich die BVP und der Bauernbund das politische Übergewicht, die SPD oder gar noch die Liberalen spielten dort keine Rolle mehr. Als es in den späten 1920er Jahren zur Agrarkrise kam, näherte sich der Bauernbund im Allgäu, anstatt wie sonst an Stoßkraft zu verlieren, in seiner Haltung der BVP an, sodass sich beide Parteien die ländliche Gesellschaft untereinander aufteilten. Eine feste Organisation zumindest im Ostallgäu besaß jedoch die USPD im Unterbezirk Kaufbeuren, zu dem die Ortsgruppen von Füssen, Memmingen, Mindelheim, Pfronten und Lechbruck zählten. Auch die NSDAP machte im Sommer 1922 im Allgäu von sich reden, als bei einer Trauerfeier zu Ehren des ermordeten Walter Rathenau die Einladungsplakate dazu beschmiert worden waren; die *Münchner Post* berichtete darüber: »Die aus der Versammlung kommende Menge nahm die Plakatankleber etwas unsanft beim Wickel. Den Rittern vom Hakenkreuz wurden Gummiknüppel und Revolver abgenommen … Den Leuten sei gesagt: Die Füssener Arbeiterschaft achtet die politische und religiöse Überzeugung anderer. Sie wehrt sich aber gegen den Terror und die Kampfmethoden des deutsch-nationalen, radau-antisemitischen Klüngels.« In Kempten hatte sich im November 1922 die NSDAP-Ortgruppe gegründet, die sich der besonderen Aufmerksamkeit des ersten Schriftleiters des *Völkischen Beobachters*, des aus Kempten gebürtigen Hermann Esser, erfreute. Die Ortsgruppe fand Zulauf und wuchs, und auch weder der gescheiterte Hitlerputsch 1923 noch das NSDAP-Verbot konnten ihrer Attraktivität für die Kemptner Abbruch tun. Bei der Landtagswahl 1924 konnte der Völkische Block in Kempten schließlich über 28 % der Stimmen erreichen. Allerdings konnten die Rechtsradikalen diesen Stimmenanteil in den kommenden Jahren der wirtschaftlichen Erholung nicht halten, die rechtskonservative Orientierung der Bevölkerung blieb aber.

Auch in Memmingen zeigte bereits 1921 der »Radauantisemitismus« (Rolf Kießling) sein hässliches Gesicht, zu einer Gründung der NSDAP-Ortsgruppe kam es erst im April 1923. In Kaufbeuren versuchte die örtliche NSDAP bereits 1927 die Partei im umliegenden Bezirksamt zu etablieren.

In der zweiten Hälfte der 1920er Jahre kehrte mit den sich wirtschaftlich stabilisierenden Verhältnissen durch die Überwindung der Inflation, der sich langsam entspannenden au-

Allgäu-Halle in Kempten um 1930.

ßenpolitischen Lage und den ins Land strömenden Krediten eine Beruhigung der politischen Lage ein. Das Allgäu schied sich damals stark in Stadt und Land, die Städte waren immer näher am politischen Puls der Zeit. Die Inflation konnten damals wie z. B. im Bezirksamt Marktoberdorf viele Bauern für die dauerhafte Entschuldung ihrer Anwesen nutzen, die anziehende Wirtschaft machte es auch für die kleineren Kommunen möglich, notwendige Bauvorhaben durchzuführen. So legte Marktoberdorf in diesen Jahren die Straße von Kohlunden nach Sulzschneid an, errichtete die Sportanlagen auf der Luitpoldhöhe und modernisierte das Rathaus. In Kempten entstanden in diesen Jahren die Allgäuhalle, das Stadtbad, das Haus der Milchwirtschaft, in Memmingen baute die Stadt einen neuen Schlacht- und Viehhof, eine neue Stadionanlage sowie den Waldfriedhof; daneben wurde ein neuer großzügiger Verkehrsplan aufgelegt. Das gesellschaftliche und das Vereinsleben florierte in jenen Jahren, die aus dieser Zeit erhaltenen Theaterzettel des Stadttheaters Kaufbeuren zeigen ein buntes Repertoire, und Feste wie das Kaufbeurer Tänzelfest erwiesen sich zunehmend als Anziehungspunkt eines wachsenden Tourismus. Die drastische Einschränkung des Fremdenverkehrs in Oberstdorf 1919 durch die katastrophale Lebensmittelversorgung gehörte der Vergangenheit an.

Die Infrastruktur stand in diesen Jahren unter der Prämisse eines verstärkten Straßenausbaus, um den Anforderungen des zunehmenden Kraftfahrzeugverkehrs gerecht zu werden; außerdem richtete man vermehrt Buslinien ein, wie z. B. von Kempten aus 1928/39 die ins Leben gerufene Kraftpostlinien nach Obergünzburg/Sontheim sowie Buchenberg/Isny. Im Ostallgäu wurde 1925 die Verkehrsgesellschaft Kirchweihtal gegründet, die 1927 die Postbeförderungsdienste zu übernehmen begann. Ab 1931 gab es dann in den Sommermonaten einen regelmäßigen Linienverkehr zwischen Kaufbeuren und Bad Wörishofen. Vor allem in den zahlreichen Gewerbebetrieben des Allgäus bestand nach dem Ersten Weltkrieg ein zunehmender Strombedarf, der ab 1920 von den Allgäuer Überlandwerken (AÜW) mit Sitz in Kempten für das Ober- sowie das südliche Ostallgäu und ab 1938 von den Vereinigten Wertach-Elektrizitätswerken (VWEW) mit Sitz in Kaufbeuren für das mittlere und nördliche Ostallgäu und das Unterallgäu bereitgestellt wurde. Da im Allgäu hauptsächlich die Wasserkraft für die Stromerzeugung genutzt wurde, waren z. B. im Wertachtal erhebliche Eingriffe in die Landschaft in Form von Stauseen und Flusskraftwerken notwendig.

In der Landwirtschaft hatte sich mit der Umstellung auf die Milchwirtschaft schon ab ca. 1870 die Hofform verändert, und die neuen Höfe mit Widerkehr und Hocheinfahrt lösten die alten Einfirsthöfe so nach und nach ab. Diese neuen Höfe boten auch den Platz für die zunehmende Maschinenausstattung in der Landwirtschaft; so wurde in Marktoberdorf 1928 das erste »Dieselroß« aus dem Allgäu gebaut, und der anhaltende Erfolg der Fendt-Schlepper und der anderen landwirtschaftlichen Maschinen trug diesen Namen aus dem Allgäu in alle Welt.

Ganz langsam begann in diesen Jahren auch im Allgäu die Welt ihr heutiges Gesicht anzunehmen – die erste Flugzeuglandung im Sommer 1918 in Kaufbeuren feuerten die kommunalpolitischen Gedanken eines Flughafens im Allgäu an. Und in den Tageszeitungen las man jetzt schon aufmerksam die Reportagen der Sportereignisse des Wochenendes, was vor 1914 eigentlich noch nicht vorgekommen war.

Mit der Weltwirtschaftskrise im Herbst 1929 ging diese eher hoffnungsvolle Zeit zu Ende. Die rasch um sich greifende Not, der die Reichsregierung reichlich hilflos und seit 1930 überdies mit rechtskonservativen demokratiefeindlichen Zielen gegenüberstand, ließ vor allem die NSDAP erstarken. Bei den Landtagswahlen von 1932 erzielten in Kempten die BVP 32,2 %, die SPD 15,3 % und die NSDAP 29,6 %. In der letzten Reichstagswahl am 5. März 1933 war dann in Kempten die NSDAP mit 37,1 % stärkste Partei, gefolgt von der BVP mit 27,7 % und der SPD mit 15,0 %. Es waren im Allgäu nicht nur die Städte, in denen sich die NSDAP festsetzen konnte, so erzielten die Nationalsozialisten im Bezirk Marktoberdorf bei der Reichstagswahl mit 56,5 % ein Ergebnis, das weit über dem schwäbischen (45,5 %) oder dem Durchschnitt im Reich (43,9 %) lag. Im Februar 1933 hatte der Regierungspräsident von Schwaben feststellen müssen: »Kritiklos laufen alle Schichten der Bevölkerung den Kündern besserer Zeiten für alle Stände nach.«

Die Ernennung Hitlers zum Reichskanzler und die darauffolgende Machteroberung hatte auch für das Allgäu seine Auswirkungen. In den politisch wichtigen Ämtern der Kommunen kam es ab Februar 1933 zu Änderungen: Die bisherigen Amtsinhaber mussten sich entweder den Nazis anschließen oder sich zumindest mit ihnen konform und ihnen gegenüber loyal erklären. In Kaufbeuren wurde der bisher erfolgreiche Bürgermeister Dr. Volkhardt aus dem Amt gedrängt, nachdem ihn die Konservativen im Stadtrat förmlich den Nazis ausgeliefert hatten. In Kempten und Memmingen zeigten sich die Oberbürgermeister geschmeidiger und opportuner. Dr. Berndl in Memmingen trat am 1. Mai 1933 in die NSDAP ein und blieb bis zum Ende des Weltkriegs in seinem Amt, Dr. Merkt in Kempten – der seine Einstellung in nationalen Dingen als allgemein bekannt voraussetzte – wurde am 29. April von der NSDAP Kempten feierlich wieder in sein Amt eingesetzt. In Marktoberdorf blieb der nazikritische Bürgermeister Xaver Martin bis 1936 im Amt, der Füssener

Bezirksamtmann Dr. Henning hingegen stellte selbst Schutzhaftbefehle gegen Kommunisten und Sozialdemokraten aus. Bürgermeister Fritz Geray in Wangen, der bereits seit den 1920er Jahren gegen die dortige Ortsgruppe der NSDAP agierte, verlor sein Amt. Offensichtlich herrschte im immer noch katholisch geprägten Allgäuer Land eine gewisse Abneigung gegen die NSDAP. So spritzte ein Landwirt in Weitnau Ende Februar 1933 das NS-Parteiabzeichen mit Gülle in den Maßen von 40 mal 40 Meter auf den Schnee eines steilen Wiesenhanges, und in Altdorf bei Marktoberdorf, das seit jeher eigentlich als besonders NSDAP-affin galt, stimmten am 12. November bei 23 Enthaltungen 56 gegen den von der Reichsregierung 1933 vollzogenen Völkerbundsaustritt. Der SA-Sonderbeauftragte Geis aus Ebenhofen hob deshalb die von ihm dahinter vermutete Burschenschaft in Altdorf auf. Die Regierung von Schwaben berichtete am 6. Dezember 1933: »Es verstimmt jedoch bei der Bevölkerung in und außerhalb der Partei, daß gerade solche Parteiangehörige, die in ihren Berufen oder auch in der Lebensführung nicht immer die Tüchtigsten oder Geeignetsten waren, eine besondere Rolle spielen oder spielen möchten.«

Unter dem NS-Gauleiter Schwabens Karl Wahl, der, aus der Augsburger Stadtverwaltung stammend, selbst eine gut funktionierende Verwaltung schätzte, legte man Wert auf eine Durchdringung aller Lebensbereiche durch die NSDAP bei gleichzeitiger in bürokratischer Routine arbeitender Administration in Gemeinden und Bezirken. Wie weit das gedieh, zeigte die Neuvereidigung aller NS-Funktionärinnen und Funktionäre am 21. April 1936 in Marktoberdorf: Bei gut 5000 Einwohnern wurden 134 neue Funktionsträger auf die Partei und Adolf Hitler eingeschworen!

Der Gauleiter hatte 1934 das Amt des Regierungspräsidenten übernommen und war damit eigentlich Herr über den Regierungsbezirk. In den Städten waren durch die neue Gemeindeordnung von 1935 die politische Mitwirkung des Stadtrats dem Führerprinzip zum Opfer gefallen, die Bürgermeister konnten in ihren Städten allein entscheiden. Das Weltbild dieses Menschen Karl Wahl war alles andere als harmlos, beson-

NS-Antisemitismus in Kempten: »Wer vom Juden frißt, der verreckt.«

ders seine Vorstellungen vom gesunden Volkskörper, der vor dem Kranken und dem biologischen Verfall geschützt werden müsste, ergänzte sich mit den furchtbaren Ideen von Rassenpflege und Rassenreinheit, die sich bei den Nazis mit deren grauenhaftem Antisemitismus verbanden.

Wie etliche Einzelarchivalien und erhaltene schriftliche Fragmente zeigen, wusste die Bevölkerung durchaus Bescheid, der Terrordruck allerdings, der auch im Allgäu von den Nazis ausgeübt wurde, war hoch. Der Begriff »KZ Dachau« war spätestens seit den ersten Verfolgungen von politisch Andersdenkenden im Sommer 1933 bekannt – und furchteinflößend.

Die jüdischen Mitbürgerinnen und Mitbürger im Allgäu waren aufgrund des Antisemitismus der NSDAP natürlich von Anfang an einem erheblichen Verfolgungs- und Diskriminierungsdruck ausgesetzt. Im Allgäu waren sie hauptsächlich in Kempten und in Memmingen ansässig, von den ca. 50 in Kempten lebenden deutschen Bürgern jüdischen Glaubens verließen bis 1939 26 die Stadt, drei verstarben, die noch verbliebenen wurden in einem Haus in Kempten 1941 ghettoisiert und die Hälfte von ihnen 1942 in die polnischen Lager verschleppt. Noch 1945 widerfuhr dies nochmals drei jüdischen Mitbürgern, nur drei erlebten die Befreiung am 27. April 1945 durch amerikanische Truppen. Der einzige jüdische Geschäftsmann in Kaufbeuren, Ernst Buxbaum, wurde von den Nazis der Stadt so lange drangsaliert, verleumdet, verfolgt und gequält, bis er in München 1940 den Freitod wählte. In Memmingen lebten 1933 161 Juden. Am 1. April 1933 wurde ein Boykott über sie verhängt und sie wurden nach und nach aus dem Geschäftsleben verdrängt, was zu ihrer Verarmung führte. Anlässlich des Novemberpogroms 1938 erlebte die Memminger Synagoge eine gründliche Plünderung und wurde danach abgebrochen. Die ganze Aktion war von SS-Gruppenführer Reinhard Heydrich persönlich angeordnet worden, Bürgermeister Dr. Berndl wusste darüber Bescheid, auch über die später folgenden Verwüstungen und Zerstörungen jüdischer Wohnungen in Memmingen. 1942 wurden noch 25 jüdische Mitbürger aus Memmingen über Fellheim in Vernichtungslager deportiert und dort ermordet.

Die jüdischen Mitbürger Wangens, die noch von Bürgermeister Fritz Geray gegen die Nazis verteidigt wurden, sahen sich ebenfalls diesen Verfolgungen ausgesetzt. Nach den Novemberpogromen 1938 emigrierten sie – bis auf zwei Personen – aus der Stadt.

Der Widerstand gegen das NS-Unrechtsregime im Allgäu manifestierte sich wohl am nachdrücklichsten in Kaufbeuren, wo über 30 Personen, alles Mitglieder der KPD oder der SPD, sich zwar in kleinen, aber immerhin bis 1936 dauernden Widerstandsaktionen zusammenfanden und vor allem die KPD-Mitglieder mit der »Roten Hilfe« die hinterbliebenen Familien von inhaftierten Genossen unterstützten. In der Spinnerei und Weberei Momm wurde sogar eine Untergrundzeitung, *Der rote Faden*, verteilt. Man hielt Kontakt mit einer Gruppe in Kempten und bezog von dort das *Kemptner Mosaik*. Als die Widerstandsgruppe in Kaufbeuren dann jedoch Kontakt zu Münchner Gruppen aufnahm, gelang es den Gestapo-Spitzel Max Troll einzuschleusen; Ende Mai 1936 wurde die Kaufbeurer Gruppe schließlich verhaftet. Danach

KZ-Außenlager Kempten Winter 1944/45. Dieses Bild eines unbekannten französischen KZ-Häftlings hat Seltenheitswert und große historische Bedeutung.

formierte sich kein Widerstand mehr. Auch in Memmingen hatten sich KPD-Mitglieder zusammengefunden, die ihre Regimegegnerschaft immer wieder zeigten, obwohl sie von Inhaftierungen und KZ-Internierungen bedroht waren.

In Kempten hob die Polizei bereits Ende April 1933 den KPD-Widerstand aus, ebenso verfuhr sie 1935 mit einem neu gegründeten Widerstandspunkt in Kempten. Die SPD leistete nach den anfänglichen und umfangreichen Verhaftungen 1933 und nach der Offenbarung von Kontakten zur Exil-SPD in der Schweiz 1934 keinen Widerstand mehr. Die Politiker der Kemptner BVP schlossen sich entweder der NSDAP an oder zogen sich zurück.

JÜDISCHES LEBEN IM ALLGÄU

Juden lebten wohl im Spätmittelalter in den Städten Memmingen und Kaufbeuren, bis auch hier die große Pest von 1349 wütete und zu einer Vernichtung der jüdischen Einwohner führte. Die Stadt Memmingen musste sich aber für dieses Verbrechen im Frühjahr 1349 vor dem Kaiser rechtfertigen, denn die Juden standen als »Königsknechte« unter dessen direktem Schutz. Sie erhielt aber am 20. Juni desselben Jahres von Karl IV. »gänzliche Sühne und Huld«. Danach nahmen die beiden Städte keine Juden mehr auf. Die Reichsstadt Kempten jedoch erwarb 1373 vom gleichen Kaiser das Recht dazu; doch erst 1409 erhielt der Jude Lazarus mit seiner Familie das passive Bürgerrecht. In diesem Zusammenhang ist auch von mehreren Juden in der Stadt die Rede, deren Lebens- und Handelsbedingungen und vor allem deren Einschränkungen beschrieben werden. Um 1500 ist aber von jüdischen Bewohnern keine Rede mehr; überhaupt gab es im Allgäu, bedingt durch die katholisch-geistlichen Herrschaften auf dem Land, keine jüdischen Gemeinden.

Erst im Königreich Bayern siedelten sich wieder jüdische Familien im Allgäu an, zunächst vorzugsweise in Memmingen und erwarben dort 1862 auch die Bürgerrechte. Weitere Familien folgten, 1895 lebten dann schon über 231 Juden in der Stadt, deren Zuzug von den Bürgermeistern Zoller und Röck gefördert wurde. In Memmingen wurde 1909 eine Synagoge eingeweiht. In Kempten zogen ebenfalls seit 1856 wieder Juden in die Stadt. 1910 zählte man hier 91 jüdische Bewohner. Die Entwicklung nach 1871 brachte zwar die rechtliche Gleichstellung der Juden, ließ aber den immer noch vorhandenen Antisemitismus nicht verschwinden – im Gegenteil. Auch wurde ihnen der Schutz des Gesetzes nicht unbedingt zuteil, wie das Pogrom gegen den Memminger Käsehändler Wilhelm Rosenbaum 1921 zeigte.

Innerhalb der jüdischen Gemeinschaften galten die Gemeinden in Kempten und Memmingen dem Reformjudentum zugehörig und fühlten sich dem Deutschen Reich zugehörig, wie das Kriegerdenkmal im jüdischen Friedhof von Memmingen mit der Inschrift Dem ehrenden Andenken unserer Helden 1914–1918 zeigt. 1933 begann dann der Untergang des jüdischen Lebens im Allgäu – und es gab katholische Pfarrer, die das begrüßten!

Heil- und Pflegeanstalt Kaufbeuren, Juli 1945.

Auf dem Allgäuer Land wäre am ehesten die katholische Kirche zum Widerstand fähig gewesen, aber es blieb hauptsächlich einzelnen Pfarrern und Ordensleuten überlassen, sich gegen das Regime zu stellen. So versuchten in der Heil- und Pflegeanstalt Kaufbeuren die dortigen Vinzentinerinnen soweit es möglich war, die Patienten vor der Ermordung zu schützen und widerstanden auch der Drohung ihrer KZ-Deportation. Der Pfarrer von Ingenried, Hafenmayr, ließ polnische Zwangsarbeiter stillschweigend an der Sonntagsmesse im Ort teilnehmen, bis ihn die Gestapo verwarnte. Die Pfarrer von Lamerdingen und von Stöttwang wurden wegen Staatsgefährdung in Schutzhaft genommen. Aber die größeren katholischen Laienorganisationen hatten sich auf den rein kirchlichen Wirkungskreis zurückgezogen, so organisierten die Kolpingsfamilien lediglich noch Familienwochenenden und Wallfahrten. Allerdings zeitigte der Verfolgungsdruck des Regimes in den ersten Kriegsjahren auf die Priester auch eine Solidarisierung in der Bevölkerung, und der Landrat von Füssen notierte 1943, es könne von einer »Grüß-Gott-Bewegung gesprochen werden, in manchen Orten sei der Hitlergruß zur

EUTHANASIE IN KAUFBEUREN

In der Kaufbeurer Heil- und Pflegeanstalt spielte sich von 1939 bis 1945 das schwärzeste Kapitel der deutschen und der Allgäuer Geschichte ab. Auf Grund des von den Nazis verfolgten Wahns der Rassenhygiene und verbunden mit ökonomischen Überlegungen, wieviel ein Menschenleben eigentlich wert ist, begann 1939 die Euthanasie-Aktion, mit der die Vernichtung unwerten Lebens betrieben wurde. Zu den geistigen Brandstiftern dieses Gedankenguts zählen unbedingt der in Kaufbeuren als katholischer Anstaltsgeistlicher wirkende Kurat Christian Frank sowie der Kemptner Oberbürgermeister Dr. Merkt. Der leitende Mediziner der Kaufbeurer Anstalt, Dr. Valentin Faltlhauser, wurde zum Todesengel für die als lebensunwert eingestuften Patienten. Als im Rahmen der betriebenen Euthanasie im ganzen Deutschland die Transporte von Kaufbeuren in die Tötungsanstalten Grafeneck in Württemberg und Hartheim bei Linz 1941 eingestellt wurden, entwickelte Faltlhauser zusammen mit seinem Anstaltsinspektor die sogenannte Entzugskost, mit der man die Patienten verhungern ließ. Außerdem zog er psychisch kranke Kinder für Tbc-Versuche heran. Auch die Besetzung durch US-amerikanische Truppen brachte zunächst kein Ende des Mordens, erst Anfang Juli 1945 drangen Soldaten in die Anstalt ein und setzten dem furchtbaren Treiben ein Ende.

Insgesamt sind in der Heil- und Pflegeanstalt Kaufbeuren-Irsee zwischen 1200 und 1600 Menschen, darunter mindestens 210 Kinder ermordet worden.

HINTERGRUND

Seltenheit geworden«. Es gab aber auch andere katholische Priester, die sich in einer schwer vorstellbaren und unerträglichen Geisteshaltung der NS-Ideologie anschlossen. Der katholische Anstaltsgeistliche der Kaufbeurer Heil- und Pflegeanstalten, Kurat Christian Frank, gehörte zu ihnen. In seinen heimatkundlichen Blättern *Deutsche Gaue* vertrat er seit dem Ersten Weltkrieg immer mehr biologistisches und rassistisches Denken, um endlich dem Euthanasiegedanken den Weg zu bereiten. Er hatte mit seiner furchtbaren Gesinnung auch erheblichen Einfluss auf den Kemptner Oberbürgermeister Otto Merkt, der in der Euthanasiedebatte rassehygienische Standpunkte vertrat (Bayerische Kreistagsverband 1932) und deshalb 1933 in die Münchner Gesellschaft für Rassehygiene gewählt wurde. Vor diesem Hintergrund werden die Ereignisse in der Kaufbeurer Heil- und Pflegeanstalt doppelt bedrückend.

Der Widerstand der evangelischen Kirche war auf die Städte beschränkt: In Kempten predigte Dekan Hermann Kornacher mutig gegen die NS-Ideologie, und in Memmingen blieb unter Kreisdekan Daumiller der allergrößte Teil der evangelischen Gemeinde der bayerischen Bekenntniskirche treu und wanderte nicht zu den NS-hörigen »Deutschen Christen« ab. So blieb der Widerstand im Allgäu gegen das NS-Regime überschaubar. Der Bauwille der Nazis, die damit sowohl sich als auch ihrem schlechten Geschmack ein langdauerndes Denkmal setzen wollten, zeigte sich im Allgäu lediglich in der sog. Ordensburg in Sonthofen; sie wurde zwar unter ihrer Herrschaft nicht ganz fertig, konnte aber immerhin noch als Lazarett im Krieg dienen.

Ansonsten waren es Bauten der Wiederaufrüstung, die von den Nazis im Allgäu aufgeführt wurden: Die Fliegerhorste Memmingen (1935/36) und Kaufbeuren (1934/36) wurden in ihren Zweckbauten im Stil der Zeit aufgeführt; ab 1939 wurde in einem Waldgebiet ca. 3,5 km nordöstlich von Kaufbeuren eine Sprengstoff- und Munitionsfabrik errichtet. Auf dem Gelände dieser Fabrik entstand dann nach dem Krieg die Vertriebenensiedlung Neugablonz, von der noch die Rede sein wird.

Während des Krieges kamen nicht nur immer mehr Luftkriegsgeschädigte und anderweitig Evakuierte ins Allgäu, die untergebracht und versorgt werden mussten; die Kriegsproduktion stellte auch vermehrt Zwangsarbeiterinnen und -arbeiter ein, und das KZ Dachau betrieb ab 1943 auch im Allgäu verschiedene Außenlager, so in Oberstdorf-Birgsau, Blaichach, Fischen, Kottern, Kempten, Kaufbeuren und Riederloh. Hinzu kamen noch Zwangsarbeiterlager, wie z. B. Kaufbeuren-Riederloh II, in dem das verschleppte Personal für die Sprengstofffabrik untergebracht war. Auch Kempten zählte in den Kriegsjahren eine große Anzahl von Fremdarbeitern aus Frankreich, Belgien und Polen; bei Kriegsende wurden über 4000 Zwangsarbeiter und Häftlinge in Kempten befreit.

Wangen unter französischer Besatzung, 1953.

Von Kampfhandlungen blieb das Allgäu im Zweiten Weltkrieg weitgehend verschont; allerdings forderten Luftangriffe auf Kempten und Memmingen, wo kriegswichtige Fertigungen lagen, ab Sommer 1944 erhebliche Opfer. In Kempten wurden die Fabrikhallen der Fa. Messerschmidt bombardiert, ebenso die Illerbrücken, die Spinnerei und Weberei. Die Angriffe im Februar und April 1945 richteten sich gegen das Bahnhofsgelände und gegen noch verbliebene Rüstungsanlagen. In Memmingen ließ ein Luftangriff am 20. April 1945 ein Drittel der Stadt im östlichen Bereich in Schutt und Asche versinken, 400 Menschen verloren ihr Leben. Kaufbeuren erlebte nur einen Bombenangriff am 25. Februar 1945, bei dem zwei Menschen starben. Die Sprengstofffabrik war zwar den Alliierten bekannt, aber nicht wichtig genug, um Bomben darauf zu werfen. Am 26. April 1945 begann sich die für den Schutz des Allgäu eingeteilte Wehrmachtsersatzdivision 407 aufzulösen, einzelne Truppenteile versuchten, nach Süden zu kommen und die hirngespinstige Alpenfestung zu erreichen, jedoch waren ihnen die US-amerikanischen Truppen der 12. US-Panzerdivision auf den Fersen. Memmingen wurde am 26. April besetzt, Kaufbeuren und Kempten am 27. April, in

Oberstdorf rückten am 1. Mai französische Truppen von Westen kommend ein, auch Immenstadt wurde von ihnen besetzt, ebenso am 30. April bei heftigem Schneegestöber Sonthofen. Füssen wurde am 28. April den Amerikanern übergeben. Das eigentliche Oberallgäu wurde den Franzosen überlassen, was z. B. dazu führte, dass in Petersthal der Ort zwischen den Besatzungsmächten für einige Wochen aufgeteilt wurde, in der Ortsmitte standen Wachtposten und eine Schranke. Wer die andere Ortshälfte aufsuchen wollte, benötigte einen Passierschein. In Memmingen, das zur amerikanischen Zone kam, bildete die alte Landesgrenze an der Iller die Grenze der Besatzungszonen.

Für das Allgäu war mit den ersten Maitagen des Jahres 1945 der Zweite Weltkrieg vorüber; wie im 17. und 18. Jh. standen jetzt wieder fremde Besatzungstruppen im Land.

Integration, Neugliederung und Tourismus – drei Aspekte für Gegenwart und Zukunft

Integration von Flüchtlingen und Vertriebenen nach 1945

Der Zweite Weltkrieg setzte in Mitteleuropa eine Völkerwanderung in Gang, die in ihrem Ausmaß bis dahin unbekannt war. Grund war die fortschreitende Eroberung des ehemaligen deutschen Herrschaftsbereichs durch die russischen Armeen sowie nationale Befreiungsaktionen ab 1944. Die vorherrschenden deutschfeindlichen Stimmungen in Russland, Polen, der Tschechoslowakei, Ungarn, Rumänien, Bulgarien und Jugoslawien veranlassten zunächst einen Teil der eingesessenen deutschen Bevölkerung, sich dem Rückzug der Wehrmacht anzuschließen und ihre Heimat zu verlassen.

Die ersten Flüchtlinge aus Ostpreußen trafen Ende des Jahre 1944 im Unterallgäu ein, man versuchte sie – wie die anderen Evakuierten auch – in den Dörfern unterzubringen. Mit der Kapitulation am 8. Mai 1945 begannen jedoch die Flüchtlings- und Vertriebenenströme massiv anzuschwellen, denn bereits unmittelbar nach diesem Datum begann in der Tschechoslowakei die erste Welle der Vertreibung der Deutschen aus diesem Staat. Unter Oberaufsicht der inzwischen installierten Militärregierungen trafen nun in Deutschland die Züge mit den Vertriebenen und Flüchtlingen ein, die alle irgendwo, irgendwie untergebracht und ernährt werden mussten. Die ohnehin durch die allgemeine Mangellage bei Lebensmitteln, Brennstoffen und Wohnraum angespannte Verwaltung wurde durch das Amt eines Flüchtlingskommissars erweitert, der in den Landkreisen mit weitgehenden Befugnissen ausgestattet war und entsprechende Beschlagnahmungen durchführen konnte.

Liest man heute die Zahlen, so vergisst man meist, welche menschlichen Schicksale darunter subsumiert werden. Im Unterallgäu wurden fast 35 000 Menschen aufgenommen, in Kempten waren es bis 1950 ca. 10 000 aus den Vertreibungs-

und Fluchtgebieten, die in der Stadt ein neues Leben anzufangen hatten. Das Ostallgäu – ohne Kaufbeuren-Neugablonz – verzeichnete zwischen 1939 und 1950 einen Bevölkerungsanstieg von ca. 45 000 Einwohnern.

In etlichen Städten des Allgäus findet man noch heute Stadtteile und Siedlungsgebiete aus den 1950er und 1960er Jahren, deren Straßen und Plätze die Namen von Städten, Dörfern und Regionen des ehemaligen deutschen Ostens tragen.

Auch wenn die Vertriebenensiedlung Neugablonz bei Kaufbeuren einen gewissen Sonderfall darstellt, soll an ihr exemplarisch der Ablauf der damaligen Ereignisse geschildert werden.

Der Name Neugablonz geht auf die Stadt Gablonz an der Neiße im Norden Tschechiens zurück, die damals ein Zentrum der böhmischen Glas- und Schmuckherstellung war. Diese Gablonzer Industrie war eine sogenannte manufakturbasierte Verbundindustrie, in der Glasmacher, Schmuckerzeuger und Exporteure zusammenwirken mussten, um erfolgreich zu sein. Die Stadt wurde bis zu den Vertreibungen überwiegend von Deutschen bewohnt und galt in der Tschechoslowakei eher als »deutsche« Stadt. Als die Deutschen, die zum größten Teil in der Gablonzer Industrie beschäftigt gewesen waren, ab Sommer 1945 ihre Heimat unwiderruflich verlassen mussten, waren sie bemüht, möglichst schnell in Deutschland einen neuen Standort zu finden, der für den Wiederaufbau dieser Gablonzer Industrie geeignet war. So hatte sich schon im Sommer 1945 in München um den Diplomingenieur Erich Huschka aus Gablonz eine Art Sondierungsgruppe der Gablonzer Industrie gebildet, die sich in Südbayern, aber auch im Bayerischen Wald nach geeigneten Plätzen umsah.

Mit Kriegsende war auch die Produktion der Sprengstofffabrik bei Kaufbeuren eingestellt worden, die Besatzungsmacht war sich über die weitere Nutzung im Unklaren. Das Fabrikgelände verfügte über eine gewisse Infrastruktur an Straßen und Wegen, an noch stehenden Gebäuden, an Versorgungseinrichtungen für Strom und Wasser, einschließlich Abwasser.

Dieses DAG-Gelände (abgekürzt von Dynamit AG) war im Herbst 1945 von der Sondierungsgruppe der Gablonzer Industrie besichtigt und für gut befunden worden, das anschließende

Trümmer der Munitionsfabrik Kaufbeuren-Neugablonz um 1945/46.

Gespräch im Kaufbeurer Rathaus mit dem für Wirtschaftsfragen zuständigen Angestellten verlief jedoch negativ, da sich dieser den Aufbau einer solchen Industrie bei Kaufbeuren auf diesem Gelände absolut nicht vorzustellen vermochte.

Allerdings waren die beiden Landkreise Kaufbeuren und Marktoberdorf für die Aufnahme von Vertriebenen und Flüchtlingen gut geeignet: Sie waren eher landwirtschaftlich geprägt und wiesen eine unterdurchschnittliche Bevölkerungsdichte auf. Doch nach dieser Besichtigung hatte Huschka ein Konzept über die Ansiedelung der Gablonzer Industrie mit ca. 10 000 Mitarbeitern auf dem DAG-Gelände und in den genannten Landkreisen ausgearbeitet, das er nun in den bayerischen Ministerien kommunizierte. Am 28. November 1945 war in der bayerischen Regierung die Entscheidung gefallen, die Gablonzer Industrie im Landkreis Kaufbeuren auf dem DAG-Gelände wiederaufzubauen. Bei einem gemeinsamen Gespräch zwischen dem Kaufbeurer Bürgermeister Dr. Volkhardt, der wieder in sein Amt zurückgekehrt und der einzige Kaufbeurer

Bürgermeister von politischer Weitsicht war, dem Landrat Dr. Stang und Erich Huschka wurde das weitere Vorgehen festgelegt. Nachdem nun auch durch den Alliierten Kontrollrat Mitte November 1945 festgelegt worden war, die sowjetische und die US-amerikanische Zone als Aufnahmegebiete für die Vertriebenen und Flüchtlinge aus der Tschechoslowakei zu verwenden, stand einer Ansiedelung der Gablonzer fast nichts mehr im Wege. Lediglich die Absicht der Militärregierung, die eine schnelle und vollständige Integration wünschte und die die Zwangsemigranten deshalb möglichst verstreut und ohne traditionelle landsmannschaftliche Bindungen ansiedeln wollte, musste umgangen werden. Der versierte Jurist Dr. Volkhardt beanspruchte über das ehemalige Rüstungsareal die kommunale Planungshoheit der Stadt Kaufbeuren und nahm damit den ganzen Raum in das Stadtgebiet Kaufbeuren auf. Allerdings musste sich die Stadt von nun an auch um die Infrastruktur kümmern. Der Abschluss des Pachtvertrages zwischen der Aufbau- und Siedlungsgesellschaft (ASG) und den US-amerikanischen Kontrollorganen vom 26. Juni 1946 gilt als Beginn für den Aufbau des neuen Stadtteils von Kaufbeuren, der zunächst den Namen Kaufbeuren-Hart erhielt, dann aber ab 1952 Kaufbeuren-Neugablonz hieß.

Zu diesem Zeitpunkt hatte sich die Gablonzer Industrie in Kaufbeuren-Neugablonz bereits fest etabliert und verzeichnete bis in die 1970er Jahre ein erstaunliches Wachstum. Die Stadt hatte bis 1961 an die 17 000 Vertriebene aufgenommen und damit eine Verdreifachung ihrer Einwohnerzahl erreicht. Die Stadtgesellschaft und auch der ehemalige Landkreis Kaufbeuren wurden von dieser Entwicklung geprägt. Für die Stadtentwicklung war es ein Jahrtausendereignis.

Mochte der wirtschaftliche Gewinn für Stadt und Landkreis auch erheblich sein, bei der Integration zeigte sich ein anderes Gesicht: In Neugablonz bildete sich eine Sprachinsel des im alten Gablonz gesprochenen *Paurischen* und dazu hielten sich neben Ernährungs- und Kochgewohnheiten noch viele andere Bräuche bis zur Gegenwart, wenngleich in der jüngsten Vergangenheit hier ein Rückgang zu beobachten ist. So bewahrte sich die Kernstadt Kaufbeuren ihre Tradition als ehemalige Allgäuer Reichsstadt, während Neugablonz seine Wurzeln im deutsch-böhmischen alten Gablonz bewahrte.

Die Ausrichtung des Erwerbslebens mit der »importierten Industrialisierung« (Rolf Kießling) im Rahmen der mittelständischen Industrie prägten das Wirtschaftsleben im Allgäu, bei dem nun in der Nachkriegszeit so langsam die Landwirtschaft zurückging. Die wirtschaftliche Entwicklung im Allgäu zeigte sich auch in der Landschaft: Mit dem Forggensee, dem bei Roßhaupten angelegten Lechstausee, entstand der fünftgrößte See Bayerns und der größte Stausee Deutschlands zur Stromerzeugung. Auch im Wertachtal wurden nun nördlich von Marktoberdorf bis zur nördlichen Landkreisgrenze etliche Stauseen für den gleichen Zweck angelegt. Die schon genannten AÜW ließen in den 1950er Jahren an Lech und Iller vier Wasserkraftwerke anlegen.

Während der Straßenbau im Allgäu (Autobahnausbau der A 7, A 96 und A 980 sowie der vierspurige Ausbau der B 19) dem Wirtschaftswachstum Rechnung trug und trotzdem gefühlt immer hinterherhinkte, wurde das Eisenbahnnetz zurückgebaut. Bis heute wartet das Allgäu auf die Elektrifizierung des verbliebenen Streckennetzes, ausgenommen die Verbindung Buchloe – Memmingen als Zulaufstrecke des schweizerischen Gotthardtunnel. Der aus dem Fliegerhorst Memmingen nach 2004 entstandene Verkehrsflughafen Allgäu Airport wurde bereits erwähnt.

Neugliederung in der Gebietsreform 1970/72

Der Fremdling stutzt und fragt oft schnell:
»Was eigentlich heißt O.A.L.?«
Sagt ihm am besten: »Ein Symbol –
Man fühlt sich im Ostallgäu wohl«

Zehn Jahre steht nun das Gefüge,
man war besorgt an seiner Wiege –
weil Kaufbeuren und auch Füssen
haben Federn lassen müssen. (...)

Es ist ein gutes Kreisgebilde,
kein Mensch führt Böses mehr im Schilde …
so daß man künftig hoffen kann:
die wahre Liebe wächst heran.

(Kaspar Streif 1982)

Mit dem heute als »Gebietsreform« bezeichneten Vorhaben wollte die Bayerische Staatsregierung unter Federführung des dafür ja auch zuständigen Innenministeriums und dem damaligen Innenminister Bruno Merk drei Ziele erreichen: Stärkung der kommunalen Selbstverwaltung auf allen Ebenen, Steigerung der Wirksamkeit, Wirtschaftlichkeit und Bürgernähe der Verwaltung sowie Verbesserung der Lebensverhältnisse unter Abbau des Leistungsgefälles zwischen Stadt und Land. Eingebunden war die Gebietsreform in ein größeres Reformwerk, das eine Neuverteilung der Kompetenzen zwischen Ministerien, den Mittelbehörden und der untersten Ebene der kommunalen Erstinstanzen umsetzen sollte.

Da Bayern damals im Bundesvergleich wesentlich mehr kleine Landkreise sowie kleine und auch kleinste Gemeinden zählte, sollte es nach der damals allgemeinen Überzeugung durch eine Verminderung der Gemeindeanzahl weniger größere, aber leistungsfähigere Gemeinden schaffen. Kern dieses Reformwerks war eine Landkreisreform, bei der die Anzahl der 143 Landkreise reduziert, die (neuen) Landkreise selbst aber vergrößert und nun ca. 80 000–100 000 Einwohner zählen sollten.

Es war offenkundig, dass dies nur gelingen konnte, wenn aus dem Zusammenschluss von mehreren kleineren Landkreisen daraus ein neuer größerer entstehen würde.

Der Bayerische Landtag billigte mit Abstimmung vom 15. Dezember 1971 die »Verordnung zur Neugliederung Bayerns in Landkreise und kreisfreie Städte« und damit die Landkreisreform, die daraufhin umgesetzt wurde: Die Zahl der Landkreise wurde von 143 auf 71 verringert, die Anzahl der kreisfreien Städte von 48 auf 25.

Im Allgäu mussten nun die bisherigen Landkreise Kempten, Sonthofen, Füssen, Marktoberdorf, Mindelheim, Kauf-

Die Wappen von St. Mang, St. Lorenz und Kempten – von nun an eine Stadt.

beuren und Memmingen sich in irgendeiner Art zusammenfinden, um mit kleinerer Anzahl und größerer Form den Anforderungen der Verordnung zu entsprechen. Die Kreistage der alten Landkreise beschäftigten sich seit 1970 mit dem Problem, konkret wurde es dann in der ersten Jahreshälfte 1971. Generell herrschte die Absicht, die bisherigen Landkreise möglichst vollständig in die neuen Kreise einzubringen. So entschlossen sich die Kreistage von Kaufbeuren, Marktoberdorf und Füssen zum Zusammenschluss und der Kreistag Kaufbeuren schlug für den neuen Landkreis den Namen »Ostallgäu« vor. Als sich abzeichnete, dass die Stadt Kaufbeuren mit ihrem unverständlich irrationalen Festhalten an der Kreisfreiheit sich dem neuen Landkreis nicht anschließen wollte, wurde 1972 Marktoberdorf zum Sitz der Kreisverwaltung bestimmt und 1973 der Name »Landkreis Ostallgäu« festgelegt. Im Norden des Allgäus schlossen sich die früheren Landkreise Memmingen und Mindelheim zusammen, vergrößert durch die Eingliederung des Raumes Babenhausen; die Stadt Memmingen blieb kreisfrei. Um nun eine stärkere Integration in den neuen Landkreis zu erreichen, entschloss sich der neugewählte Kreistag für den landschaftsbezeichnenden Namen »Landkreis Unterallgäu«, der zum 1. Mai 1973 gültig wurde. Ähnlich wurde bei den Landkreisen Kempten und Sonthofen verfahren, die sich 1972 zum Landkreis Oberallgäu vereinigten, wobei jedoch die Gemeinden St. Mang und St. Lorenz zur Stadt Kempten, die natürlich kreisfrei blieb, eingemeindet wurden. Mit der Namensgebung der neuen Landkreise verband man in verblüffend selbstverständlicher Art und Weise die natürliche Fortführung des traditionellen Namens Allgäu mit den neuen Verwaltungsterritorien, wobei »das Allgäu« auch noch geografisch nach Norden und Nordosten hin ausgeweitet wurde. Von nun an war Buchloe das »Tor zum Allgäu« und nicht mehr Kaufbeuren.

Die Städte Kempten, Memmingen und Kaufbeuren blieben auch nach der Gebietsreform kreisfrei; ihnen wurden – zumindest traf dies für Memmingen und Kaufbeuren zu – Eingemeindungen ermöglicht, um mit der Einwohnerzahl der vom Ministerium festgelegten Mindestzahl von 50 000 Einwohnern wenigstens näher zu kommen. Außerdem wurden bei ihnen ihre Geschichte als ehemalige freie Reichsstädte berücksichtigt. Als einzige Stadt im Allgäu war Kempten aufgrund seiner Größe von diesen Überlegungen nicht betroffen.

Zum ersten Mal in der Geschichte des Allgäus fand sich der bisher rein geografisch gebrauchte Namen in den Bezeichnungen von politischen Territorien wieder. Man wird wohl nicht fehl gehen, wenn man hierin auch die Wirkung der seit dem Ende des 19. Jhs. von Baumann begonnenen, von Rottenkolber und Weitnauer dann fortgeführten Allgäuer Geschichtsschreibung und ihrer Rezeption feststellt. Ebenso hat natürlich die Entwicklung der Allgäuer Heimatpflege eine Rolle gespielt – und der seit ca. 1870 andauernde zunehmende Tourismus. So könnte heute ein Buchbeginn Caesars abgewandelt werden: »Algovia in omnes est divisa in partes tres …« (Das Allgäu in seiner Gesamtheit ist in drei Teile geteilt …) Ob sich dieses politische Bewusstsein auf das ganze Allgäu ausdehnt, bleibt abzuwarten.

Wirtschaftlich und kulturell stellen die heute seit über einem halben Jahrhundert existierenden Allgäuer Landkreise durchaus eine erfolgreiche Geschichte dar.

Der Tourismus im Allgäu

Mitte des 19. Jhs. nahm im Allgäu der Tourismus seinen Anfang, zunächst auf einen gewissen Bergsteiger-Tourismus begrenzt. Man kann es dahingestellt sein lassen, ob Bischof Clemens Wenzeslaus der erste hochrangige Bergtourist im Allgäu war, als er sich 1773 in einem Tragestuhl und mit seinem Hofstaat, verteilt auf weitere fünf Sänften, von 56 Burgberger Holzknechten auf den Grünten tragen ließ. Vor ihm soll schon Kaiser Maximilian I. den Berg bestiegen haben.

Bis ins 19. Jh. hinein blieben die Allgäuer Alpen das, was sie schon jahrtausendelang waren: eine dem Menschen unwirtliche, fast feindliche Lebenswelt, unzugänglich und geheimnisvoll, allenfalls für Jäger, Wilderer, Schmuggler und Alphirten gezwungenermaßen interessant. Allerdings veranlassten die immer genauer werdenden Landvermessungen ab 1819 – der König in München wollte ja schon genau wissen, wo sein Land endete! – auch Gipfelbegehungen und Erstbesteigungen (Biberkopf, Mädelegabel, Höfats, Schneck, Wilde, Hochvogel). Mit dem Botaniker Otto Sendtner und dem Geologen Carl Wilhelm Gümbel begannen zwei Forscher-Touristen ab 1850 die Allgäuer Alpen zu durchwandern und zu erforschen. Mit der Fertigstellung der Eisenbahnlinie von Lindau nach Augsburg kamen dann auch die ersten wirklichen Touristen (vgl. S. 125, Exkurs zu Carl Hirnbein) ins Allgäu, die ohne Forschungszweck nur ihre Neugier auf eine ihnen fremde Landschaft befriedigen wollten – und sich dies auch wirtschaftlich leisten konnten. Man sieht heute in der Versetzung des Rechtspraktikanten Freiherrn Hermann von Barth an das Landgericht Sonthofen zum 1. Mai 1869 den Beginn des allgemeinen Alpintourismus in den Allgäuer Alpen. Denn der damals 24jährige Barth bestieg in den folgenden Monaten insgesamt 44 Allgäuer Gipfel, bis er im Oktober 1869 wieder nach München zurückkehren musste; man fragt sich unwillkürlich, ob der junge Rechtspraktikant überhaupt eine Sonthofener Amtsstube von innen gesehen hat?

Sein 1874 erschienenes Buch *Aus den nördlichen Kalkalpen* wurde zum Standardwerk, erlebte viele Neuauflagen und noch mehr Nachfolgepublikationen, wie z. B. der erste als umfassend geltende Reiseführer *Wegweiser durch das Allgäu, Lechthal und Bregenzer Wald, Handbuch für Reisende* (1876) von Joseph Buck. Seit 1869 kümmerte sich dann vor allem der Alpenverein mit seinen Sektionen um die Erschließung und Begehbarkeit der Allgäuer Alpen. Es entstanden Unterkunftshütten und -häuser nach dem Vorbild des Grüntenhauses: Waltenbergerhaus an der Bockarscharte (1875), Prinz-Luitpold-Haus am Hochvogel (1881) und das Edmund-Propst-Haus am Nebelhorn (1890). Da sich der Alpenverein aber auch um die Ausbildung geeigneter und zuverlässiger Bergführer kümmerte, war um 1900 die Allgäuer Bergwelt dem Tourismus gut zugänglich und weitgehend gefahrlos erlebbar.

Eins führte zum anderen: Die Sommerfrische in den Allgäuer Alpen wurde immer begehrter, aber die Bergorte, wo die Gäste ihre Vakanz verbringen konnten, mussten sich erst darauf einstellen. Oberstdorf zog wohl als erste Gemeinde die Konsequenzen und nutzte den Wiederaufbau nach einem großen Ortsbrand 1865 dazu, die Berggäste und ihre Unterkünfte zu berücksichtigen. Erfahrungen hatte die Gemeinde damit schon gemacht, als 1850 die ersten Touristen aus Mannheim in den Ort gekommen waren. Um 1900 waren es dann über 7000 Sommergäste, die ihren Urlaub in Oberstdorf verbracht hatten.

Im sich dem Lech zu anschließenden Ostallgäu wuchs Füssen und seiner Umgebung, insbesondere durch das Schloss Hohenschwangau, seit 1836 eine erhebliche touristische Bedeutung zu. Ausschlaggebend war dafür natürlich das wittelsbachische Königshaus, namentlich König Max II., der schon als Kronprinz mit seiner Familie die Sommer gerne dort verbrachte und viele prominente Gäste aus dem hochadeligen Europa zu sich lud. Auch unter Ludwig II., dem Bauherrn von Neuschwanstein, blieb das so – allerdings ohne Einladungen; der menschenscheue König vertrug das nicht.

In Bad Faulenbach bei Füssen entwickelte sich ein Schwerpunkt des Allgäuer Bädertourismus, denn die dortige schwefelhaltige Heilquelle war seit dem 16. Jh. durchaus bekannt. Seit 1868 nun wurde an ebenjenem Ort ein Heilbadetourismus betrieben, wobei man geflissentlich auf die moderaten Preise hinwies. Der Bahnanschluss Füssens 1888 brachte auch einen Anstieg des Alpintourismus im Ostallgäu, wenngleich die Bergerschließung durch die ausgedehnten Hofjagdgebiete in den Ammergauer Bergen, die für die »normalen« Touristen natürlich nicht zugänglich waren, erschwert wurde. Im Ostallgäu entstanden in den letzten beiden Jahrzehnten des 19. Jhs. etliche Verschönerungs- und Verkehrsvereine: Pfronten 1883, Nesselwang 1887, Füssen 1888, Seeg 1894 und Weißensee 1907. Da sich die Kommunalverwaltungen um die Betreuung der Fremden in der Regel nicht kümmerten, nahmen sich diese auf privatwirtschaftlicher Basis organisierten Vereine der Betreuung des Fremdenverkehrs und der Gäste an. Denn es war klar erkennbar, dass die erfolgreiche Obsorge um die Gäste einer erheblichen Koordination bedurfte, sei es in der Abstimmung bei den Grundbedürfnissen von Transport und Unterkunft, sei es in der Versorgung mit alltäglichen Dingen von Bäcker, Metzger, Gemischtwarenhändlern oder Gastronomie, sei es in übergreifenden Angeboten von Wegenetz, Schutzunterkünften, Ruhebänken, Auskunftsstellen. Aus diesen Verkehrs- und Verschönerungsvereinen gingen dann letzten Endes die heutigen Tourismusverbände hervor.

Touristische Entdeckung des Allgäuer Winters – Werbeplakat um 1912.

Als 1886 schließlich das Schloss Neuschwanstein zur allgemeinen Besichtigung freigegeben wurde, ließ das bereits im Eröffnungsjahr die Besucherzahlen rapide steigen. Generell nahm der Sommertourismus vor dem Ersten Weltkrieg im Allgäu Jahr für Jahr zu, er war eine unvergleichliche Wachstumsbranche.

Eine andere Art des Fremdenverkehrs erlebte das Unterallgäu in Form des Aufstiegs von Bad Wörishofen zu einem weltbekannten Kurort. Es waren die Wasser- und Gesundheitskuren von Pfarrer Sebastian Kneipp (1821–1897), der sie ab 1881 als Pfarrer von Wörishofen an sich, aber auch anderen Heilungssuchenden, vorzugsweise Amtsbrüder Kneipps, anwendete. Auf Veranlassung des Abtes Maurus Wolter vom Kloster Beuron, der sich 1884 bei Kneipp einer Kur unterzog, fasste dieser seine Erfahrungen in seinem ersten Buch *Meine Wasserkur* 1886 zusammen; 1889 erschien sein zweites Buch *So sollt ihr leben!*, das in kürzester Zeit in 14 Sprachen übersetzt wurde. Aus ganz Europa und noch weiter her kamen die Heilungssuchenden nach Wörishofen, und aus der ambulanten Behandlung mit kaltem Wasser aus der Gießkanne im Pfarrhofgarten wurde noch im 19. Jh. die stationäre Kneippkur.

Der Erfolg hielt auch nach dem Tode Kneipps (1897) an. Im Ersten Weltkrieg wurde Wörishofen zu einer Art »Lazarettstadt« und viele, die dort wieder gesund wurden und dabei die Kneippanwendungen kennen gelernt hatten, kamen nach dem Krieg wieder – sofern sie ihn überlebt hatten. Wörishofen erhielt vom Bayerischen Innenministerium 1920 das Prädikat »Bad«, 1938 wurden über 27 000 Kurgäste gezählt. 1948 wurde der Kurbetrieb nach der kriegsbedingten Unterbrechung wieder aufgenommen. In den 1950er Jahren wurde nun auf Initiative des Landkreises Memmingen unter Bezugnahme auf Kneipps Geburtsort Stephanskirchen bei Ottobeuren, heute ein Ortsteil der Gemeinde, und Grönenbach, dem Ort seiner Primiz, die Heilungsmöglichkeiten der Kneippkur auch in diesen Orten etabliert. Grönenbach und Ottobeuren galten seit 1954 bzw. 1957 offiziell als Kneipp-Kurorte; und Grönenbach, das auf eine Kurtradition aus den 1920er Jahren zurückblicken konnte, erhielt 1996 das Prädikat »Bad«.

Heil- und Naturbad Faulenbach bei Füssen 1937.

Eine bis heute intensiv nachwirkende Erweiterung des Tourismus erfuhr das südliche Allgäu nach dem Ersten Weltkrieg, als auch der Winter für den Fremdenverkehr entdeckt und attraktiv wurde. Die ersten Initiativen reichten ins Jahr 1890 nach Pfronten zurück, als dort Adolf Haff mit Schneeschuhen nach dem Vorbilde Fridtjof Nansens die erste Spur im winterlichen Pfrontner Tal zog. Wieder ging es auch für heutige Verhältnisse sehr rasch: 1895 wurden in Nesselwang die ersten Ski mit der langen »Alpenstange« benutzt; 1897 die erste Skiabfahrt vom Säuling, 1909 Gründung des Allgäuer Skiverbandes, 1910 Gründung des Skiclubs Nesselwang, im gleichen Jahr erschien eine Broschüre *Nesselwang – ein ideales Skigebiet*. Der Skiclub war dann auch 1911 Ausrichter der Allgäuer Nordischen Skimeisterschaft. In Füssen und Umgebung setzte man einen anderen Schwerpunkt: Seit 1906 wurde dort knapp an der Landesgrenze eine Rodelbahn unterhalten, auf dem Untersee im Faulenbacher Tal entstand eine beleuchtete Eisbahn und in Hohenschwangau nahm 1908 eine 3 km lange Rodelbahn ihren Betrieb auf. Füssen wurde so zu einem Zentrum des Eissports, zu dem dann nach dem Zweiten Weltkrieg noch das heute im Allgäu unwahrscheinlich beliebte Eishockey trat.

Skilauf im Allgäu um 1930.

Auch im Oberallgäu beschäftigte man sich mit dem Wintersport, allerdings waren die ersten Versuche im »Schneeschuhlaufen« der Kemptner Alpenvereinssektion 1879/80

Oktober 2019: Demonstration in Form einer Menschenkette gegen den geplanten weiteren Ausbau der Bergbahnen und Lifte am Grünten.

nicht überzeugend. »Die Skier sind für Gebirgstouren wegen der Schwierigkeit des Auffahrens und der Gefährlichkeit des Abfahrens so ziemlich unbrauchbar«, schrieb 1893 Dr. Finkh, der sich damals in Isny Gedanken über das Skilaufen machte. 1891/92 wurden in Oberstdorf die ersten Skilauf-Versuche angestellt, schon ab 1892 propagierte der Lehrer von Petersthal, Adalbert Ebner, das Skilaufen mit seinen aus Skandinavien stammenden Skien. Ähnlich wie im Ostallgäu entstanden nun bis 1914 von Oberstdorf bis Immenstadt, von Sonthofen bis Oberstaufen Skiclubs. Eine weitere Wintersportart, das Skispringen, erhielt in Oberstdorf einen bis heute weit ausstrahlenden Mittelpunkt. Die erste Schanze Auf den Halden von 1909 ließ Sprünge bis zu 22 m zu, doch wurde sie aufgrund ihrer sonnenexponierten Lage bald aufgegeben. Östlich von Oberstdorf, am Fuß des Schattenbergs (*nomen est omen!*) baute man nach Plänen des Architekten Hans Gschwender eine neue Schanze, die als Schattenbergschanze am 27. Dezember 1925 eröffnet wurde und die für die Olympischen Spiele 1936 Erweiterungen erfuhr.

Im Stillachtal, in der Nähe von Oberstdorf, erbaute man 1949 die erste Heini-Klopfer-Skiflugschanze, deren Neubau

HINTERGRUND

VOM BLAUEN ZUM GRÜNEN ALLGÄU

Mit der Verbreitung der Grünlandwirtschaft ging auch ganz wesentlich der Flachsanbau im Allgäu zurück. Mit dem Verschwinden der himmelblau blühenden Flachsfelder kam die eher legendenhafte Redensart von der »Umwandlung des blauen Allgäus in das grüne Allgäu« in die Welt, und die Vorstellung vom »blauen Allgäu« vermeinte man im Werk des Heimatromanciers Peter Dörfler (1878–1955) gefunden zu haben. Abgesehen davon, dass Dörfler selbst den Flachsanbau im Allgäu so nie gesehen haben konnte, weil er ab 1850 nicht mehr so betrieben worden war, weisen die archivischen Quellen dem Flachsanbau – aufwendig und arbeitsintensiv – eine wesentlich geringere Rolle im bäuerlichen Anbau bis 1850 zu. Hauptsächlich zum Eigenbedarf gezogen, spielte er mit dem daraus gefertigten Leinen lediglich eine Rolle für die Unterwäsche der katholischen Dorfkapläne, wie die jüngsten Forschungen aus dem Irseer Klosterland zeigen.
Neben der zu seinen Lebzeiten noch stattfindenden völligen Umstellung der Allgäuer Landwirtschaft von Getreideanbau auf Grünlandwirtschaft hatte Carl Hirnbein (vgl. S. 125) noch eine andere Vision, die sich für die Wirtschaft des Allgäus als ebenso ertragreich erweisen sollte: Von Schweizer Vorbildern, namentlich vom Rigi, beeinflusst, ließ er 1852/53 auf dem Grünten das erste Allgäuer Berghotel, das Grüntenhaus im »Gebirgsstyle« erbauen, womit der Fremdenverkehr, heute Tourismus genannt, im Allgäu seinen Anfang nahm.

heute als statische Meisterleistung gilt und die nach fortwährenden Modernisierungen und Erweiterungen heute zu den großen Skiflugschanzen der Welt zählt.

Mit dieser Entwicklung des alpinen und nordischen Skisports im Allgäu hatte sich die Tourismusattraktivität erheblich erweitert. Die unzähligen Ausbauten und Erschließungen, die nach dem Ersten Weltkrieg und dann besonders nach dem Zweiten Weltkrieg stattfanden, müssen nicht im Einzelnen geschildert werden. Doch das heute noch populäre Lied *Zwoa Brettl, a g'führiger Schnee*, das der Füssener Notar Otto Sirl nach der Melodie eines Pfrontener Volksliedes sang, galt ab 1928 als Lied der Skifahrer. Der Besuch und der Aufenthalt in einer bis

St. Coloman bei Schwangau im Winter.

dahin fast kaum berührten Natur in einer atemberaubend schönen Alpin- und Voralpinlandschaft mit seinen vielen, vielen Erlebnis- und Erholungsmöglichkeiten bescherte dem Allgäu eine ständige Zunahme und Ausweitung des Fremdenverkehrs, der bis heute anhält. Parallel dazu verlief natürlich eine Expansion im Vereins- und Verbandwesen, die im vorgegebenen Rahmen nicht im Detail nachvollzogen werden kann.

So wurde z. B. aus der Arbeitsgemeinschaft der Allgäuer Verkehrsvereine 1933 mit ihrer Aufnahme in den Landesfremdenverkehrsverband München und Südbayern eine seiner Untergliederungen; sie trug den Namen Kameradschaftskreis II Allgäu und umfasste die Landkreise Kempten, Sonthofen, Marktoberdorf und Füssen. Daneben existierte aber auch noch eine Arbeitsgemeinschaft der Verkehrsvereine der Fremdenverkehrsorte in den Landkreisen Marktoberdorf und Füssen.

Heute vermarktet sich der Tourismus über die Allgäu GmbH, die sich unter dem Dach des Tourismusverbandes Allgäu/Bayerisch Schwaben e. V. in Augsburg um das Allgäu kümmert. In ihr sind die drei Allgäuer Landkreise, der Landkreis

Lindau und die kreisfreien Städte vertreten. 2019 zählte man im Allgäu 4 Mio. Ankünfte und 13,6 Mio. Übernachtungen; der Tourismus im Allgäu zählt heute zu den Leitökonomien.

Die vielleicht unangenehme Frage, wie lange noch Natur, Landschaft und Ökologie im Allgäu diese ständig expandierende und sie ausbeutende Nutzung aushalten soll – und in Hinblick auf die stattfindende Klimaänderung noch kann –, wird sich wohl von Jahr zu Jahr drängender stellen. Doch zeigt die Geschichte des Allgäus und seiner Bewohnerinnen und Bewohner, dass man oftmals zu tiefgreifenden Umwälzungen bereit war, um seine Heimat mit ihrer Kultur und Schönheit auch weiterhin zu erhalten.

Anhang

Auswahlbibliografie

Franz Ludwig Baumann: Geschichte des Allgäus, Bd. I–III, Kempten 1883–1894

Ders.: Quellen zur Geschichte des Bauernkriegs in Oberschwaben. Literarischer Verein, Stuttgart 1876

Ders.: Akten zur Geschichte des deutschen Bauernkrieges aus Oberschwaben, Freiburg 1877

Reinhard Baumann/Paul Hoser (Hrsg.): Krieg in der Region, Konstanz und München 2018

Otto Beck: Wangen im Allgäu, München 1991

Peter Blickle/Rupert Leser: Leutkirch im Allgäu, Leutkirch 1990

Peter Blickle: Die Revolution von 1525, München 2004, 4. Aufl.

Ders./Horst Buszello/Rudolf Endres (Hrsg.): Der deutsche Bauernkrieg, Paderborn u. a. 1995, 3. Aufl.

Ders. (Hrsg.): Aufruhr und Empörung? Studien zum bäuerlichen Widerstand im Alten Reich, München 1980

Ders.: Der Bauernjörg. Feldherr im Bauernkrieg, München 2015

Ulrich Crämer: Das Allgäu. Werden und Wesen eines Landschaftsbegriffs, Remagen 1954

Wolfgang Czysz/Lothar Bakker: Die Römer in Bayern, Hamburg 2005

Richard Dertsch: Schwäbische Siedlungsgeschichte, Kempten 1949

Volker Dotterweich u. a. (Hrsg.): Geschichte der Stadt Kempten, Kempten 1989

Klaus Fehn: Siedlungsgeschichtliche Grundlagen der Herrschafts- und Gesellschaftsentwicklung in Mittelschwaben, Augsburg 1966

Stefan Fischer/Stefan Dieter u. a. (Hrsg.): Die Stadt Kaufbeuren, 4 Bde., Thalhofen a.d. Gennach 1999–2021

Stefan Fischer: Alte Reflexe – neue Strukturen? Betrachtungen zu den deutsch-tschechoslowakischen Beziehungen 1918–1933, Kaufbeuren 2012

Ders.: Das Jahr 1848 – Demokratie und Nationalismus in Böhmen, Thalhofen a.d. Gennach 2011

Ders.: Chronik der Kreis- und Stadtsparkasse Kaufbeuren 1825–2000, Thalhofen a.d. Gennach 2000

Stefan Fischer/Gerd F. Thomae (Hrsg.): Glaube und Obrigkeit, Neustadt a.d. Aisch 2018

Stefan Fischer/Gerd F. Thomae (Hrsg.): Reformation und Politik, Thalhofen a.d. Gennach 2014

Stefan Fischer (Hrsg.): Kaufbeuren. Anfänge, Umbrüche, Traditionen, Neustadt a.d. Aisch 2016

Stefan Fischer: Klosterspuren – die dörfliche Wirklichkeit 1750–1820, Neustadt a.d. Aisch 2022

Günther Franz: Der deutsche Bauernkrieg, 2 Bde., Darmstadt 1977, 11. bzw. 4. Aufl.

Hans Frei (Hrsg.): Das Reichsstift Irsee, Weißenhorn 1981

Hermann Haisch/Aegidius Kolb OSB (Hrsg.): Landkreis Unterallgäu, 2 Bde., Mindelheim 1987
Fritz Hartmann/Margarete Stützle: Isny im Allgäu, o.J. Isny i. Allgäu
600 Jahre Freie Reichsstadt Isny 1365–1965, Isny 1965
Stefan Heinze: Die Region Bayerisch-Schwaben, Augsburg 1995
Josef Hemmerle: Die Benediktinerklöster in Bayern, Augsburg 1970
Norbert Herrmann: Kempten und das Oberallgäu, Kempten 1984
Reinhard Heydenreuter: Marktoberdorf. Kurfürstlicher Sommersitz im Ostallgäu, Stuttgart 1997
Leo Hiemer: Carl Hirnbein (1807–1871), o.J. Immenstadt
Daniel Hohrath/Gebhard Weig/Michael Wettengel (Hrsg.): Das Ende reichsstädtischer Freiheit 1802, Ulm 2002
Christoph Hurter: Die älteste Karte des Allgäus – Christoph Hurters Karte des Illerstroms und beiderseits umliegenden Allgäus 1619, hrsg. mit einer Einführung von Friedrich Zollhoefer, Kempten 1949
Joachim Jahn/Hans-Wolfgang Bayer (Hrsg.): Die Geschichte der Stadt Memmingen, Bd. I, Von den Anfängen bis zum Ende der Reichsstadtzeit, Stuttgart 1997 – Bd. II: Paul Hoser, Vom Neubeginn im Königreich Bayern bis 1945, Stuttgart 2001
Wolfgang Jahn u. a. (Hrsg.): »Bürgerfleiß und Fürstenglanz«. Reichstadt und Fürstabtei Kempten, Augsburg 1998
Rainer Jehl (Hrsg.): Welf VI., Sigmaringen 1995
Ewald E. Kohler (Hrsg.): Marktoberdorfer Geschichtsbuch, Kempten 1992
Ders./Aegidius Kolb OSB (Hrsg.): Ostallgäu, einst und jetzt, 2 Bde., Kempten 1984
Karl Lindner (Hrsg.): Geschichte der Allgäuer Milchwirtschaft. 100 Jahre Allgäuer Milch im Dienste der Ernährung, Kempten 1955
Wilfried Menghin: Frühgeschichte Bayerns, Stuttgart 1990
Dietmar Nickel: Die Revolution 1848/49 in Augsburg und Bayerisch Schwaben, Augsburg 1965
Ottobeuren 764–1964. Beiträge zur Geschichte der Abtei, Augsburg 1964
Wolfgang Petz: Reichsstädte zur Blütezeit. Alltag und Kunst im Allgäu und in Oberschwaben 1350–1550, Kempten 1989
Rolf Kießling (Hrsg.): Stadt und Land in der Geschichte Ostschwabens (Augsburger Beiträge zur Landesgeschichte Bayerisch-Schwabens Bd. 10), Augsburg 2005
Ders.: Kleine Geschichte Schwabens, Regensburg 2009
Ders. (Hrsg.): Judengemeinden in Schwaben im Kontext des Alten Reiches, Berlin 1995
Ulrich Klinkert: Revolution in der Provinz. Kaufbeuren in den Jahren 1848 bis 1849, Thalhofen a.d. Gennach 2004
Wolf-Armin Frhr. v. Reitzenstein: Lexikon schwäbischer Ortsnamen, München 2013
Joseph Rottenkolber: Geschichte des Allgäus. Das 19. Jahrhundert, München 1938
Ders.: Geschichte des Allgäus, München 1951
Werner Schiedermair: Klosterland Bayerisch Schwaben, Lindenberg 2003
Petra Schweitzer-Martinschek u. a. (Hrsg.): Die Befreiung der Anstalt am 2. Juli 1945, Neustadt a.d. Aisch 2021
Antonius von Steichele/Alfred Schröder/Friedrich Zöpfl: Das Bistum Augsburg, Bd. 2–10, Augsburg 1864–1940
Martina Steber: Ethnische Gewissheiten. Kultur und Politik im bayerischen Schwaben vom Kaiserreich bis zum NS-Regime, Diss. Augsburg 2005

Armin Stroh: Grundriß zur Vorgeschichte Schwabens, Kempten 1951
Alfred Weitnauer: Allgäuer Chronik, Bd. I–V, Kempten 1981 ff., 2. Aufl.
Jörg Westerburg: Integration trotz Reform. Die Eingliederung der ostschwäbischen Territorien und ihrer Bevölkerung in den bayerischen Staat in der ersten Hälfte des 19. Jahrhunderts, Thalhofen a.d. Gennach 2001
Rudolf Wiedemann: Der »Allgäuische Gebrauch« einer Gerichtsbarkeit nach Personalitätsprinzip, München 1932
Franz X. Wismüller: Geschichte der Teilung der Gemeinländereien in Bayern, Stuttgart–Berlin 1904
Wolfgang Wüst: Das Fürstbistum Augsburg. Ein geistlicher Staat im Heiligen Römischen Reich Deutscher Nation, Augsburg 1997
Wolfgang Zorn: Handels- und Industriegeschichte Bayerisch-Schwabens 1648–1870, Augsburg 1961

Übersichtskarte des heutigen Allgäus mit seinen Randgebieten

Bildnachweis

Akg-images: 110, 187 (akg-images / INTERFOTO / TV-Yesterday)
Allgäu GmbH, Foto: Susanne Baade: 51
Bayerische Staatsbibliothek München/Bildarchiv: 155
Carl-Hirnbein Museum/Tourismusbüro Missen-Wilhams: 123, 126
Gabi Endres-Jäger: 9, 193
https://allgaeu-erleben.com/geschichte.php: 18
https://commons.wikimedia.org: 27, 33, 35, 37, 45, 48, 76, 87, 97, 105, 113, 119, 170, 172, 179, 183, 190, 197
Museen der Stadt Kempten (Allgäu): 86
Museen der Stadt Kempten/Kulturamt, Foto: Karl Jena: 23
picture alliance/dpa | Karl-Josef Hildenbrand: 191
Sammlung Lienert, Kempten: 168
Staatsarchiv Augsburg, StAA, Reichsstadt Kaufbeuren Urkunden 1.: 54
Stadt Sonthofen: 39
Stadtarchiv Füssen, BD 2394: 189
Stadtarchiv Immenstadt: 141
Stadtarchiv Kaufbeuren: 138 (KF B 119 Nr. 41), 142 (KF B 119 Nr. 242), 143 (KF B 119 Nr. 243)
Stadtarchiv Kempten: 80, 94 (Foto: Roger Mayrock, Kempten), 106, 117, 128, 158, 164
Stadtarchiv Memmingen: 59
Stadtarchiv Wangen im Allgäu: 175
Torsten Stöckle, Förderverein Udo – Danuvius guggenmosi e. V. Udo, alias Danuvius guggenmosi: 12
Wolfgang Petz: Reichsstädte zur Blütezeit, Kempten 1989: 65

Umschlagmotive: Vorderseite: Blick auf den Hegratsrieder See in der Nähe von Halblech und die Tannheimer Berge (pixabay.com); Bäuerin beim Heu aufhängen 1965 (Archiv BergWegVerlag Bad Hindelang); Rückseite v. l. n. r.: Kirche St. Coloman im Schwangau (stock.adobe.com, mojolo), Heinzen bei Hindelang 1952 (Heimatdienst Hindelang Archiv Franz Scholl), Alphörner (ellfoto)

Ortsregister